Hinter dem Sachregister befindet sich ein ausführliches Verzeichnis der

Guttentagschen Sammlung

Deutscher Reichs- und Preußischer Gesetze

— Textausgaben mit Anmerkungen; Taschenformat —

die alle wichtigeren Gesetze in unbedingt zuverlässigem Abdruck und mit mustergültiger Erläuterung wiedergibt.

Guttentagsche Sammlung
Nr. 53 Preußischer Gesetze Nr. 53
Textausgaben mit Anmerkungen.

Die Hinterlegungsordnung

vom 21. April 1913

nebst den Ausführungsvorschriften und Übergangsbestimmungen.

Textausgabe
mit Einleitung und Anmerkungen
von

Rudolf Hagemann
Landrichter.

Berlin 1914.
J. Guttentag, Verlagsbuchhandlung,
G. m. b. H.

Roßberg'sche Buchdruckerei, Leipzig.

Inhaltsverzeichnis.

Abkürzungen.

Die Abkürzungen beruhen im wesentlichen auf den Vorschlägen des Deutschen Juristentages. Die bekannten Kommentare sind nach den Namen ihrer Verfasser angeführt. Besonders hervorzuheben sind folgende Abkürzungen:

a.HO. = Hinterlegungsordnung vom 14. März 1879.
HO. = Hinterlegungsordnung vom 21. April 1913.
Entw. = Entwurf der Hinterlegungsordnung. Drucksachen des Herrenhauses. Session 1912. Nr. 151.
Begr. = Begründung des Entwurfs; daselbst.
Ber. I = Bericht der Justizkommission des Herrenhauses zu dem Entwurf einer Hinterlegungsordnung. Session 1912. Drucksachen Nr. 181.
Ber. II = Bericht der verstärkten Justizkommission des Abgeordnetenhauses über den Entwurf einer Hinterlegungsordnung. 21. Legislaturperiode. V. Session. 1912/13. Drucksachen Nr. 1170.
AV. = Ausführungsvorschriften zur Hinterlegungsordnung.
JMBl. = Justizministerialblatt.
VMBl. = Ministerialblatt für die innere Verwaltung.

Einleitung.

I. Zwecke und Ziele der neuen Hinterlegungsordnung.

Die Hinterlegungsordnung vom 21. April 1913 (GS. 225) tritt am 1. April 1914 in Kraft. Über den bisherigen Rechtszustand und seine Weiterentwicklung durch das neue Gesetz gibt die Begründung (S. 1 ff.) folgenden Aufschluß:

„Die seit dem 1. Oktober 1879 geltende Hinterlegungsordnung vom 14. März 1879 (GS. 249)*) stellte sich zur Aufgabe, eine einheitliche Regelung des bis dahin in den einzelnen Teilen der Monarchie verschieden geordneten Hinterlegungswesens durchzuführen. Sie erreichte dieses Ziel dadurch, daß sie nach dem Muster der im Gebiete des rheinischen Rechts bereits bestehenden Einrichtungen Verwaltungsbehörden, und zwar regelmäßig die Bezirksregierungen, als ordentliche Hinterlegungsstellen bestimmte. Für den bei weitem größten Teil des Staates bedeutete dies insofern eine grundlegende Änderung, als früher die Aufbewahrung hinterlegter Gegenstände nur im Gebiete des rheinischen Rechts und in den Bezirken der früheren Appellationsgerichte in Wiesbaden und Frankfurt a. M. Sache der Verwaltungsbehörden gewesen war, während sie in allen anderen Provinzen den Gerichten obgelegen hatte. Insbesondere war

*) Textausgabe mit Anmerkungen von Georg Bartels. 2. Auflage, 1908. (Guttentagsche Sammlung Preußischer Gesetze Nr. 24.)

dies im Geltungsbereiche des Allgemeinen Landrechts auf Grund der Depositalordnung von 1783 der Fall gewesen. Wenn nun die Hinterlegungsordnung vom 14. März 1879 die Abtrennung des Hinterlegungswesens von den Gerichten grundsätzlich durchführte, so sah sie sich doch genötigt, von vornherein in zwei Richtungen Ausnahmen zuzulassen. Zunächst waren für besonders dringende Fälle der Hinterlegung Hinterlegungsstellen erforderlich, die von den Beteiligten persönlich jederzeit leicht erreicht werden konnten, ein Bedürfnis, dem die Bezirksregierungen bei der Größe ihrer Bezirke naturgemäß nicht zu genügen vermochten. Aus diesem Grunde wurde für dringende Fälle die vorläufige Verwahrung bei den Amtsgerichten zugelassen und ihr im Verhältnis zwischen den Beteiligten die Wirkung der Hinterlegung beigelegt (§§ 70 ff. a.HO.). Ferner wurde nur für die in § 1 genannten Gegenstände (Geld, Wertpapiere auf Inhaber, Wertpapiere auf Namen, auf welche die Zahlung dem Inhaber geleistet werden kann und Kostbarkeiten) die Hinterlegung bei den Regierungen angeordnet, während für die gerichtliche Anordnung der Hinterlegung anderer Gegenstände, für welche einfachere Formen genügten, und das weitere Verfahren die Amtsgerichte für zuständig erklärt wurden; § 87 a.HO. Bei der durch die Art. 84 und 85 des Ausführungsgesetzes zum Bürgerlichen Gesetzbuche bewirkten Änderung der Hinterlegungsordnung wurde dann die Anteilnahme der Amtsgerichte an den Hinterlegungsgeschäften auf den beiden soeben bezeichneten Gebieten noch erweitert. Während nach der ursprünglichen Fassung des Gesetzes das Amtsgericht die Hinterlegung der zur vorläufigen Verwahrung übergebenen Gegenstände bei der Hinterlegungsstelle zu bewirken hatte, wenn anzunehmen war, daß die Herausgabe nicht binnen 6 Wochen erfolgen werde, wurde dieser Zeitraum, da er sich als zu kurz bemessen herausgestellt hatte, auf 6 Monate verlängert. Auch wurde bestimmt, daß die vorläufige Verwahrung nicht nur die Wirkung einer Hinterlegung zwischen den Beteiligten haben, sondern insoweit als Hinterlegung gelten sollte, und dadurch zum Ausdruck gebracht, daß die Amtsgerichte in ihrer Eigenschaft als Verwahrungsstellen im Sinne der Reichsgesetze als Hinterlegungsstellen anzusehen seien. Die Zuständigkeit der Amtsgerichte als Hinterlegungsstellen wurde ferner für diejenigen Gegenstände ausdrücklich ausgesprochen, die im § 1 der Hinterlegungsordnung als zur Annahme bei den Hinterlegungsstellen geeignet nicht aufgeführt, aber von dem Bürgerlichen Gesetzbuch zur Hinterlegung zugelassen worden waren, also für Urkunden aller Art, soweit sie nicht Wertpapiere auf Inhaber oder solche Wertpapiere auf Namen sind, bei denen die Zahlung dem Inhaber geleistet werden kann.

Auf diese Weise hat sich ein Rechtszustand herausgebildet, der nach mehreren Richtungen hin verbesserungsbedürftig ist und vor allem daran leidet, daß er der nötigen Einheitlichkeit entbehrt.

Ein Mangel ist es zunächst, daß nebeneinander zwei Einrichtungen, die eigentliche Hinterlegung und die vorläufige Verwahrung, bestehen, die denselben Zwecken dienen, aber in einzelnen Beziehungen rechtlich verschieden geregelt sind. Während bei der eigentlichen Hinterlegung hinterlegtes Geld in das Eigentum des Staates übergeht und dieser nur verpflichtet ist, das Kapital nebst Zinsen zurückzuzahlen, findet bei der vorläufigen Verwahrung ein solcher Eigentumsübergang nicht statt, der Staat ist vielmehr zur gesonderten Aufbewahrung des Geldes verpflichtet. Diese letztere Einrichtung ist schon wegen ihres nachteiligen Einflusses auf den Geldverkehr unzweckmäßig. Das Geld muß stets bar eingeliefert werden, wodurch der Barumsatz ohne Not vermehrt wird, und es wird während der Verwahrung dem Verkehr in unwirtschaftlicher Weise entzogen. Ferner greifen bei der eigentlichen Hinterlegung und der vorläufigen Verwahrung verschiedene Grundsätze für die Haftung des Staates Platz, so daß z. B. im Falle zufälligen Verlustes des Geldes der Staat bei der vorläufigen Verwahrung frei wird, während er bei der eigentlichen Hinterlegung verhaftet bleibt. Auch erhält nur im letzteren Falle der Hinterleger Zinsen für das von ihm eingezahlte Kapital, während er für die Dauer der vorläufigen Verwahrung der Zinsen verlustig geht. Diese Unterschiede sind durch Verschiedenheiten in der Sache selbst nicht zu rechtfertigen und erscheinen um so willkürlicher, als es zwischen den für die vorläufige Verwahrung allein in Betracht kommenden dringenden Fällen und den anderen, in denen nur die ordentliche Hinterlegung zulässig ist, an einer festen Grenze fehlt.

Zu diesen Bedenken, die gegen den gegenwärtig bestehenden Rechtszustand wegen seiner mangelnden Einheitlichkeit zu erheben sind, treten Schwierigkeiten für das Publikum und die Behörden, die zum Teil in den erwähnten Mängeln der Organisation ihren Grund haben.

In allen den Hinterlegungssachen, die nach vorausgegangener vorläufiger Verwahrung von den Amtsgerichten an die ordentlichen Hinterlegungsstellen gelangen, können diese ihre Kenntnis der Sach- und Rechtslage lediglich aus den ihnen übersandten schriftlichen Unterlagen schöpfen. Dieser Umstand führt in verwickelteren Sachen öfters zu einem zeitraubenden Schriftwechsel zwischen den Behörden oder auch zwischen der Hinterlegungsstelle und den Beteiligten und gibt so nicht selten zu einer Verzögerung in der Herausgabe der hinterlegten Masse Anlaß. Unzuträglichkeiten bringt es auch mit sich, daß die Entscheidung der Frage, ob ein dringender Fall der Hinterlegung im Sinne dieses Gesetzes vorliegt, zweifelhaft sein kann, so daß sie bisweilen sogar im Beschwerdeverfahren entschieden werden muß. Weiter hat die geringe Zahl der gegenwärtig bestehenden ordentlichen Hinterlegungsstellen Nachteile und Umstände für das Publikum im Gefolge. Die Entfernungen zwingen in der großen Mehrzahl der Fälle zu schriftlichem Verkehr zwischen den Beteiligten und der Hinterlegungsstelle, was sich als Übelstand namentlich deshalb geltend macht, weil erfahrungsgemäß die Bestimmungen über das Hinterlegungswesen wenig bekannt sind und infolgedessen Verstöße der Beteiligten gegen die Vorschriften des Gesetzes und dadurch hervorgerufene Beanstandungen der Anträge durch die Hinterlegungsstelle häufig nicht zu vermeiden sind.

Für die Behörden bringen diese Zustände eine sachlich nicht unbedingt notwendige Vermehrung der Arbeitslast mit sich. Es muß nicht nur oft überflüssiges Schreibwerk geleistet, sondern auch die Arbeitskraft der höheren Beamten mehr als nötig in Anspruch genommen werden. Eine Verdoppelung der zu leistenden Arbeit tritt in gewissem Umfange in allen den Fällen ein, in denen die vorläufige Verwahrung später in eine Hinterlegung übergeht. Weit wichtiger aber ist es noch, daß die Hinterlegung bei den Verwaltungsbehörden in allen solchen, die erhebliche Mehrzahl der Hinterlegung bildenden Fällen wenig praktisch erscheint, in denen mit der Rechtsangelegenheit, in der die Hinterlegung erfolgt, die Gerichte bereits befaßt sind. Das Gericht wird dann die für die Hinterlegung zutreffende Entscheidung vermöge seiner Kenntnis der Sach- und Rechtslage ohne größere Schwierigkeiten erlassen können, während die Regierung, der es an einer solchen Kenntnis der Angelegenheit fast immer fehlt, erst in eine Prüfung des gesamten Sachverhalts eintreten muß, ehe sie über den in der Hinterlegungssache gestellten Antrag befinden kann. Endlich sind in jedem Falle bei der Erledigung der Hinterlegungsgeschäfte Rechtsfragen zu entscheiden, die nicht selten ziemlich verwickelt liegen und naturgemäß den Gerichten geläufiger sind wie den Verwaltungsbehörden.

Eine gründliche Besserung des gegenwärtigen Zustandes, die einmal unter Beseitigung der jetzt bestehenden organisatorischen Mängel ein möglichst einheitliches Verfahren herstellt und gleichzeitig eine für die Beteiligten wie für die Behörden möglichst glatte Erledigung der Hinterlegungsgeschäfte gewährleistet, ist, wie bereits aus dem oben Gesagten hervorgeht, nur durch die grundsätzliche Rückübertragung der Hinterlegungsgeschäfte auf die Gerichte zu erreichen. Von diesen aber können als Hinterlegungsstellen für den Regelfall nur die Amtsgerichte in Frage kommen, da sie allein in dringenden Fällen für jeden Gerichtseingesessenen leicht erreichbar sind und überdies den weiteren Vorteil bieten, daß sie auf den mündlichen Verkehr mit dem Publikum am besten eingerichtet sind, auch in der Mehrzahl der Fälle mit den Angelegenheiten befaßt sind, in denen die Hinterlegung stattfindet. Dem praktischen Bedürfnis sucht der Entwurf auch dadurch zu entsprechen, daß er für diejenigen Fälle, in denen die Erledigung der Hinterlegungsgeschäfte durch andere Gerichte oder durch Verwaltungsbehörden vorzuziehen ist, die zuständigen Minister ermächtigt, die erforderlichen Anordnungen zu treffen.

Bedenken stehen der Übertragung der Hinterlegungsgeschäfte auf die Gerichte, insbesondere auf die Amtsgerichte, nicht entgegen. Auch in einer größeren Anzahl der anderen Bundesstaaten liegt das Hinterlegungswesen in der Hand der Gerichte; vgl. die Bayerische Verordnung, das gerichtliche Hinterlegungswesen betreffend, vom 18. Dezember 1899 (GVBl. f. d. Kgr. Bayern 1899, 1033); die Sächsische Verordnung zur Ausführung einiger mit dem BGB. zusammenhängender Reichsgesetze vom 24. Juli 1899 §§ 101 ff. (GVBl. f. d. Kgr. Sachsen 1899, 217); das Württembergische AG. zum BGB. vom 28. Juli 1899 Bl. 143 ff. (RegBl. für das Kgr. Württemberg 1899, 423); das Hessische Gesetz, die Ausführung des BGB. betreffend, vom 17. Juli 1899 Art. 33 (Hess. RegBl. 1899, 133) und die Hessische Verordnung, die gerichtlichen Hinterlegungen betreffend, vom 19. August 1899 (a. a. O. S. 581); die Hamburger Hinterlegungsordnung vom 14. Juli 1899 (Amtsbl. d. freien Hansestadt Hamburg 1899, 390); und andere. Für den größten Teil des Preußischen Staates bedeutet die im Entwurf vorgesehene Regelung, wie oben bereits erwähnt, lediglich eine Rückkehr zu dem früher lange Zeit hindurch bestehenden Rechtszustande. Ihre innere Rechtfertigung findet die Erledigung der Hinterlegungsgeschäfte durch die Gerichte darin, daß die Hinterlegungen in der großen Mehrzahl der Fälle im engsten Zusammenhang mit der sonstigen Tätigkeit der Gerichte erfolgen und daß diese auch sonst zur Entscheidung von Rechtsfragen, um die es sich im Hinterlegungswesen handelt, die berufensten Organe sind. Der Umstand, daß es bei einem größeren Teil der kleinen Amtsgerichte an Einrichtungen fehlt, die eine längere Aufbewahrung größerer Werte gestatten, bietet keine wesentlichen Schwierigkeiten. Das in das Eigentum des Staates übergehende hinterlegte Geld wird nach den bestehenden Kassenvorschriften unverzüglich an die am Sitze der Oberlandesgerichte bestehenden Justizhauptkassen abgeführt; bezüglich der hinterlegten Wertpapiere und Kostbarkeiten soll in den von den zuständigen Ministern zu erlassenden Ausführungsbestimmungen vorgeschrieben werden, daß die kleineren Gerichtskassen diese Sachen sogleich oder nach einem gewissen Zeitraum zur Verwahrung an eine andere die erforderliche Sicherheit bietende Kasse abzugeben haben.

Eine grundsätzliche Änderung in der rechtlichen Natur der Hinterlegungsgeschäfte wird mit deren Übertragung auf die Gerichte nicht eintreten. Nach wie vor bleiben die Hinterlegungsstellen Organe der Rechtsordnung, die der Staat in Erfüllung seiner öffentlichrechtlichen Aufgaben den Privaten zur Verfügung stellt, um ihnen Gelegenheit zu geben, in den Fällen, in denen die Gesetze eine Pflicht zur öffentlichen Hinterlegung festsetzen, diese Pflicht zu erfüllen, und in anderen, in denen ein Recht auf solche Hinterlegung besteht, von diesem Rechte Gebrauch zu machen.

Als unmittelbare Folge der grundsätzlichen Übertragung des Hinterlegungswesens auf die Amtsgerichte ergibt sich der Wegfall der Einrichtung der vorläufigen Verwahrung sowie die Beseitigung des grundsätzlichen Unterschiedes zwischen der Regelung für die im § 1 der Hinterlegungsordnung aufgeführten hinterlegungsfähigen Sachen und derjenigen, die für die sonst zur Hinterlegung geeigneten Sachen maßgebend ist. Im übrigen haben sich die Vorschriften des alten Gesetzes über das Verfahren im allgemeinen bewährt. Der Entwurf sieht daher grundlegende Änderungen sachlicher Natur nicht vor und beschränkt sich darauf, einige Neuerungen einzuführen, die auf eine Beschleunigung und Vereinfachung des Verfahrens abzielen. Was die Anordnung der Vorschriften anlangt, so sucht der Entwurf die Übersichtlichkeit des Gesetzes in zwei Richtungen zu fördern. Einmal ist die bisherige Trennung der die Hinterlegung von Geld und der die Hinterlegung der übrigen hinterlegungsfähigen Sachen betreffenden Vorschriften in verschiedene

Titel aufgegeben worden; sie machte zahlreiche Verweisungen nötig, die bei einheitlicher Behandlung entbehrt werden können. Sodann sind diejenigen Vorschriften, welche die innere Einrichtung der Hinterlegungsstellen und -kassen sowie die formale Regelung ihres Geschäftsganges betreffen, nicht mehr in den Entwurf aufgenommen worden. Ihre Einstellung in die von den zuständigen Ministern zu erlassenden Ausführungsbestimmungen ermöglicht es gleichzeitig, die fraglichen Vorschriften neu hervortretenden praktischen Bedürfnissen jederzeit anzupassen, ohne eine Änderung des Gesetzes herbeiführen zu müssen."

II. Übersicht über das materielle Hinterlegungsrecht.

Die Hinterlegungsordnung behandelt nur das formelle Hinterlegungsrecht. Sie bestimmt die staatlichen Organe, die die Hinterlegungen zu besorgen haben. Sie regelt das von ihnen und den Beteiligten zu beobachtende Verfahren und die daraus zwischen dem Staat und den Beteiligten erwachsenden rechtlichen Beziehungen. Dagegen läßt sie das *materielle Hinterlegungsrecht* unberührt. In welchen Fällen hinterlegt werden kann und welche Wirkungen aus der Hinterlegung für die Beteiligten im Verhältnis zueinander entstehen, wird in der Hinterlegungsordnung nicht gesagt. Die in dieser Richtung bestehenden Rechtsnormen sind in anderen Gesetzen enthalten, deren Ausführung die Hinterlegungsordnung dient, in die sie aber nicht eingreift.

Es ist daher auch nicht die Aufgabe des vorliegenden Werkchens, das materielle Hinterlegungsrecht ausführlich darzustellen. Jedoch steht es insofern in unmittelbarem Zusammenhange mit dem formellen Recht, als die Annahme zur Hinterlegung nur in den im materiellen Recht vorgesehenen Fällen erfolgen soll (vgl. HO. § 4) und als die Herausgabe an den nach dem materiellen Recht Empfangsberechtigten zu geschehen hat (vgl. HO. § 14). Es soll deshalb im folgenden wenigstens eine Übersicht über die hauptsächlichsten Bestimmungen des materiellen Hinterlegungsrechts gegeben werden. Es handelt sich dabei um Reichs- wie um Landes-, um privates wie um öffentliches Recht.

I. Bürgerliches Gesetzbuch.

Das BGB.*) kennt die Hinterlegung zum Zweck der Befreiung des Schuldners von seiner Verbindlichkeit, zum Zweck der Sicherung der hinterlegten Sachen selbst und zum Zweck der Sicherheitsleistung für gegenwärtige oder künftige Ansprüche.

1. Die Hinterlegung zum Zweck der Befreiung des Schuldners ist geregelt in Buch II Abschn. 3 Tit. 2 „Hinterlegung" (§§ 372—382). Geld, Wertpapiere und sonstige Urkunden sowie Kostbarkeiten kann der Schuldner für den Gläubiger hinterlegen, wenn dieser im Verzug der Annahme ist oder wenn der Schuldner aus einem anderen in der Person des Gläubigers liegenden Grunde oder infolge einer nicht auf Fahrlässigkeit beruhenden Ungewißheit über die Person des Gläubigers seine Verbindlichkeit nicht oder nicht mit Sicherheit erfüllen kann. Die Wirkungen dieser Hinterlegung sind verschieden, je nachdem, ob der Schuldner auf das Recht zur Rücknahme der hinterlegten Sache verzichtet hat oder nicht. Bewegliche Sachen, die nicht zu den genannten hinterlegungsfähigen Sachen gehören, können

*) Die Vorschriften der §§ 688—700 (Buch II Abschn. 7 Titel 12 „Verwahrung") betreffen jedenfalls nicht unmittelbar die in der HO. geregelte Hinterlegung. Ob sie auf diese mittelbar anwendbar sind, darüber vgl. unten S. 42.

unter wesentlich gleichen Voraussetzungen öffentlich versteigert und dann ihr Erlös hinterlegt werden (§ 383). Hinterlegt ein Gesamtschuldner zum Zweck der Schuldbefreiung, so wirkt diese Hinterlegung auch für die übrigen Schuldner (§ 422). Die Hinterlegung durch einen Dritten an Stelle des Schuldners ist nur zulässig in den Fällen, in denen der Dritte dem Gläubiger gegenüber berechtigt ist, ihn zu befriedigen (§§ 268 Abs. 1 u. 2, 1142, 1224). — Besondere Bestimmungen zu der Hinterlegung zwecks Schuldbefreiung gibt die HO. in den §§ 11 u. 28.

Hervorzuheben sind folgende Fälle:

a) § 52 Abs. 1 sieht die Hinterlegung des einem bekannten Vereinsgläubiger geschuldeten Betrages bei der Liquidation des Vereins vor. Die Bestimmung findet entsprechende Anwendung bei dem Erlöschen einer Stiftung (§ 88 Satz 2).

b) Der unbekannte Hypotheken-, Grundschuld- und Schiffspfandgläubiger kann mit seinem Rechte im Wege des Aufgebotsverfahrens ausgeschlossen werden, wenn der Eigentümer zu seiner Befriedigung oder zur Kündigung berechtigt ist. Voraussetzung für solchen Ausschluß ist, daß der Eigentümer den Betrag der Forderung für den Gläubiger unter Verzicht auf das Recht zur Rücknahme hinterlegt (§§ 1171, 1192, 1269; vgl. hierzu auch ZPO. §§ 987, 988). Vgl. HO. § 28.

2. Die Hinterlegung zum Zweck der Sicherung der hinterlegten Sachen selbst erfolgt entweder im Interesse des an ihnen allein Berechtigten, insbesondere des Eigentümers, oder im Interesse mehrerer Berechtigter. Diese mehreren können persönlich oder dinglich, zugleich oder nacheinander berechtigt sein. Schließlich gehören hierher auch die Fälle, in denen die Rechte an den hinterlegten

Sachen streitig sind und in denen die Hinterlegung bis zur Schlichtung dieses Streites erfolgt. Die einzelnen Fälle sind folgende:

a) Im Wandelungsprozeß wegen eines Viehmangels kann das den Streitgegenstand bildende Tier öffentlich versteigert und der Erlös dann hinterlegt werden (§ 489).

b) Jeder von mehreren Gläubigern kann Hinterlegung verlangen:

α. wenn die Leistung des Schuldners unteilbar ist (§ 432 Abs. 1);

β. bei der Auslobung. Der Auslobende muß auf Verlangen jedes von mehreren Beteiligten die Belohnung hinterlegen, wenn zwischen ihnen über deren Verteilung Streit herrscht (§ 660 Abs. 1 u. 2);

γ. falls Miterben vorhanden sind. Der Schuldner aus einem Nachlaßanspruch muß auf Erfordern eines der Miterben den geschuldeten Gegenstand hinterlegen (§ 2039).

c) Dinglich belastete Sachen sind im Interesse des dinglich Berechtigten und des Eigentümers in folgenden Fällen zu hinterlegen:

α. Bei dem Nießbrauch an einer auf Zinsen ausstehenden Forderung können Nießbraucher und Gläubiger jeder statt der Zahlung des Kapitals dessen Hinterlegung verlangen (§ 1077). Der Nießbrauch besteht dann an dem Kapital weiter (vgl. § 1075). Entsprechend kann jeder von beiden bei dem Nießbrauch an einem Inhaberpapier dessen und des Erneuerungsscheins Hinterlegung verlangen (§ 1082). — Dem Inhaberpapier steht hier und in den folgenden Fällen das mit Blankoindossament versehene Orderpapier gleich.

β. Bei dem Pfandrecht:

aa) Der Verpfänder kann die Hinterlegung des Pfandes verlangen, wenn der Pfandgläubiger seine Rechte erheblich verletzt (§ 1217 Abs. 1), sowie im Fall der Pfandversteigerung wegen Gefährdung der Pfandsicherheit die des Erlöses (§ 1219).

bb) Bei dem Pfandrecht an einer Forderung können Pfandgläubiger und Gläubiger jeder von dem Schuldner fordern, daß er den geschuldeten Gegenstand hinterlege (§ 1281). Diese Vorschrift ist anwendbar zugunsten des Hypothekengläubigers auf die Forderung aus einer Gebäudeversicherung (§ 1128; vgl. EG.BGB. Artt. 52, 53).

γ. Entsprechend ist der Vorerbe verpflichtet, auf Erfordern des Nacherben zu der Erbschaft gehörige, von ihm eingezogene Hypotheken- und Grundschuldkapitalien (§ 2114 Satz 1 u. 2) und zu ihr gehörende Inhaberpapiere nebst Erneuerungsscheinen (§ 2116) zu hinterlegen.

d) Zur Sicherung der Ansprüche des unehelichen Kindes und seiner Mutter hat der außereheliche Erzeuger für ersteres den Unterhalt für drei Monate, für letztere die gewöhnlichen Entbindungskosten schon vor der Geburt zu hinterlegen (§ 1716).

e) Der Verwalter fremden Vermögens ist zu dessen Hinterlegung verpflichtet in folgenden Fällen:

α. Die im gesetzlichen Güterstande lebende Ehefrau kann unter bestimmten Voraussetzungen bei Gefährdung ihrer Rechte verlangen, daß der Ehemann die zu dem eingebrachten Gut gehörenden Inhaberpapiere nebst den Erneuerungsscheinen hinterlegt (§ 1392). Entsprechendes gilt für die Errungenschaftsgemeinschaft nach § 1525 Abs. 2 und die Fahrnisgemeinschaft nach § 1550 Abs. 2.

β. Der Vormund hat das Mündelvermögen, und zwar die Inhaberpapiere mit den Erneuerungsscheinen kraft Gesetzes, die sonstigen Wertpapiere und die Kostbarkeiten auf

Anordnung des Vormundschaftsgerichts zu hinterlegen (§§ 1814, 1817, 1818, 1853). Diese Vorschriften finden entsprechende Anwendung bei der Pflegschaft (§ 1915). — Hervorzuheben ist, daß sie sich nur auf Wertpapiere und Kostbarkeiten beziehen, nicht auch auf Mündelgeld. Dieses darf bei einer Hinterlegungsstelle nicht angelegt werden. Die das an sich gestattende Vorschrift des § 1808 ist auf Grund des Art. 144 Satz 2 des EG.BGB. durch Art. 76 Abs. 2 des AG.BGB. außer Kraft gesetzt. — Vgl. HO. §§ 21, 22, 36, 41 Nr. 5.

γ. Dem Inhaber der elterlichen Gewalt kann das Vormundschaftsgericht, wenn er das Kindesvermögen gefährdet, die gleichen Verpflichtungen auferlegen, wie sie dem Vormund obliegen (§ 1667 Abs. 2 Satz 4). — Vgl. HO. §§ 21, 36, 41 Nr. 5.

f) Zur Sicherung des Nachlasses kann das Nachlaßgericht die Hinterlegung von Geld, Wertpapieren und Kostbarkeiten, die zu ihm gehören, anordnen (§ 1960).

3. Die Hinterlegung zum Zweck der Sicherheitsleistung ist nach Gegenstand und Wirkung geregelt in Buch I Abschn. 7 „Sicherheitsleistung" (§§ 232—235, 240). Die Verpflichtung zur Sicherheitsleistung kann durch Vertrag begründet werden. Eine solche vertragsmäßige Sicherheitsleistung setzt z. B. § 572 des BGB. voraus. Das BGB. bestimmt aber auch in zahlreichen Fällen selbst, daß eine Sicherheit geleistet werden kann oder muß. Solche Sicherheitsleistung ist vorgesehen:

a) bei Ausantwortung eines Vermögens für die auf ihm ruhenden, noch nicht berichtigten Schulden:

α. Bei der Vermögensliquidation eines Vereins ist vor der Ausantwortung des Vereinsvermögens dem Gläubiger Sicherheit zu leisten, wenn die Verbindlichkeit zurzeit nicht berichtigt werden kann oder streitig ist (§ 52 Abs. 2). Die Vorschrift findet entsprechende Anwendung bei dem Erlöschen einer Stiftung (§ 88).

β. Dasselbe gilt bei der Aushändigung des Nachlasses an den Erben durch den Nachlaßverwalter (§ 1986).

γ. Der Testamentsvollstrecker hat die Gegenstände, deren er zur Erfüllung seiner Obliegenheiten nicht bedarf, dem Erben zu überlassen, wenn dieser für die Berichtigung gewisser Nachlaßverbindlichkeiten Sicherheit leistet (§ 2217).

b) als Ersatz für die Befreiung von künftig fälligen Verbindlichkeiten. Der zur Befreiung Verpflichtete kann dem Berechtigten, statt ihn zu befreien, Sicherheit leisten, wenn die Verbindlichkeit, von der dieser zu befreien ist, noch nicht fällig ist. Dieser Grundsatz ist ausgesprochen für die Fälle des Ersatzes von Aufwendungen (§ 257), des Ausscheidens eines Gesellschafters (§ 738 Abs. 1) und der Befreiung des Bürgen von der Bürgschaft durch den Hauptschuldner (§ 775 Abs. 2).

c) zur Abwendung des Zurückbehaltungsrechts (§ 273 Abs. 3; vgl. HGB. § 369 Abs. 4) und des Vermieterpfandrechts (§ 562; wegen Pacht vgl. § 581 Abs. 2). Hierher gehört auch der Fall des § 321. Der aus einem gegenseitigen Vertrage Vorleistungspflichtige kann bei nachträglicher Verschlechterung der Vermögensverhältnisse des anderen Teils bis zur Sicherheitsleistung die ihm obliegende Leistung verweigern.

d) für künftig möglicherweise entstehende Ansprüche:

α. Sicherheit wegen des drohenden Schadens kann fordern, wer die Wegnahme einer Einrichtung (§ 258), oder die Wegschaffung einer Sache (§§ 867, 1005) zu dulden hat und wer eine Sache vorzulegen hat (§ 811 Abs. 2).

β. Das Vormundschaftsgericht kann den Vormund aus

besonderen Gründen zur Sicherheitsleistung anhalten (§ 1844; wegen des Pflegers vgl. § 1915).

e) für künftig fällige Ansprüche:

α. Der Vorkaufsberechtigte kann, wenn er in den Vertrag eintritt, eine dem ursprünglichen Käufer bewilligte Stundung nur gegen Sicherheitsleistung in Anspruch nehmen (§ 509).

β. Den Umständen nach bestimmt sich, ob und wie Sicherheit zu leisten ist für die Rente, die der Schadensersatzpflichtige (§§ 843 Abs. 2, 845; auch HaftpflG. § 7 Abs. 2 und KraftFahrG. § 13 Abs. 2) und der geschiedene Ehegatte (§ 1580 Abs. 1) schuldet (vgl. auch ZPO. § 324).

γ. Der Nießbraucher hat für den Erstattungsanspruch Sicherheit zu leisten bei übermäßiger Fruchtziehung (§ 1039 Abs. 1) und bei dem Nießbrauch an vertretbaren Sachen (§ 1067; vgl. § 1075).

f) wegen der zu besorgenden Verletzung von Rechten Dritter. Wenn ihr Verhalten die Besorgnis erheblicher Rechtsverletzung begründet, haben Sicherheit zu leisten:

α. der Nießbraucher (§§ 1051, 1052; vgl. auch ZPO. § 255);

β. der Ehemann bei dem gesetzlichen Güterstande (§ 1391), bei der Errungenschaftsgemeinschaft (§ 1525 Abs. 2) und bei der Fahrnisgemeinschaft (§ 1550 Abs. 2);

γ. der Inhaber der elterlichen Gewalt (§§ 1667 Abs. 1, 1668, 1671, 1686);

δ. der Vorerbe (§ 2128; vgl. auch ZPO. § 255).

g) als Leistung einer anderweiten Sicherheit beim Pfandrecht. — Eine solche anderweite Sicherheit statt des Pfandes kann der Verpfänder leisten, wenn der Verderb des Pfandes oder eine wesentliche Wertminderung zu besorgen ist (§§ 1218 Abs. 1, 1220 Abs. 1).

II. Zivilprozeßordnung.

1. Die die Hinterlegung betreffenden Bestimmungen der ZPO. schließen sich zum Teil unmittelbar an Vorschriften des BGB. an, und zwar

a) § 255 an die §§ 1052 u. 2128 des BGB. (Anordnung einer Verwaltung, falls Sicherheit nicht geleistet wird).

b) § 324 an die §§ 843 u. 1580 des BGB. (Sicherheitsleistung für eine geschuldete Rente). Vgl. auch § 7 Abs. 3 des HaftpflG. und § 13 Abs. 3 des KraftFahrG.

c) §§ 987, 988 Abs. 1 an die §§ 1171 u. 1269 des BGB. (Aufgebot des Hypothekengläubigers).

2. Die prozessuale Gestaltung der Hinterlegung zur Befreiung des Schuldners findet sich bei der Hauptintervention. Der Beklagte kann durch Hinterlegung seine Entlassung aus dem Rechtsstreit herbeiführen (§ 75).

3. Die Hinterlegung zum Zweck der Sicherung der hinterlegten Sachen selbst ist wahlweise mit Sicherheitsleistung zugelassen in § 713 Abs. 2 (vgl. unten 4cα S. 24). Sie ist ferner vorgesehen in folgenden Fällen:

a) Hinterlegung des Pfändungsgegenstandes und des Pfändungserlöses:

α. Wegen der Ansprüche Dritter auf die Pfandsache kann das Gericht die Hinterlegung des Erlöses anordnen (§ 805 Abs. 1 u. 4; vgl. wegen der Hinterlegung des Erlöses bei der Vollstreckung in eine schon anderweit belastete Schiffspart § 858 Abs. 6). Ist Geld gepfändet, so muß es der Gerichtsvollzieher hinterlegen, wenn der Anspruch eines Dritten daran glaubhaft gemacht wird (§ 815 Abs. 2 u. 3).

β. Wegen der Ansprüche mehrerer pfändender Gläubiger hat bei der Sachpfändung der Gerichtsvollzieher (§ 827 Abs. 2 u. 3), bei der Forderungspfändung der Drittschuldner (§§ 853, 854) unter gewissen dort näher bezeichneten Voraussetzungen zu hinterlegen (vgl. § 856 Abs. 1 und wegen des Verteilungsverfahrens §§ 872 ff.).

γ. Bei der Arrestpfändung sind gepfändetes Geld und der Erlös aus einem Verteilungsverfahren oder einer wegen Gefährdung angeordneten Versteigerung zu hinterlegen (§ 930 Abs. 2 u. 3).

b) Bei der Zwangsvollstreckung zur Erwirkung der Herausgabe unbeweglicher Sachen sind bewegliche Sachen des Schuldners, die der Gerichtsvollzieher aus diesem Anlaß in Verwahrung genommen hat, auf Anordnung des Vollstreckungsgerichts zu verkaufen, wenn der Schuldner sie nicht abfordert. Der Erlös ist zu hinterlegen (§ 885 Abs. 4).

4. Die Hinterlegung zum Zweck der Sicherheitsleistung*) ist ihrer Art nach geregelt in § 108. § 109 läßt ein vereinfachtes Verfahren zu, um ihre Rückgabe herbeizuführen. Die einzelnen Fälle, in denen die ZPO. eine Sicherheitsleistung vorsieht, sind:

a) Sicherheitsleistung zwecks vorläufiger Zulassung eines vollmachtlosen Vertreters zur Prozeßführung (§ 89 Abs. 1 Satz 1).

b) Sicherheitsleistung von Ausländern wegen der Prozeßkosten (§§ 110—112; vgl. auch §§ 113, 115 Nr. 2, 274 Nr. 5; HaagZPAbk. Art. 17).

c) Sicherheitsleistung anläßlich der Zwangsvollstreckung:

α. Dem Schuldner hat das Gericht auf Antrag nachzulassen, die Zwangsvollstreckung durch Sicherheitsleistung oder durch Hinterlegung abzuwenden, wenn nicht der Gläubiger

---

*) Keine eigentliche Hinterlegung ist wohl in § 379 der ZPO. zugelassen. Der Vorschuß ist vielmehr entsprechend den Bestimmungen des GKG. (vgl. § 81, auch § 84) an die Gerichtskasse zu zahlen.

sich erbietet, vor der Vollstreckung Sicherheit zu leisten (§ 713 Abs. 2). Die dem Schuldner gestatteten Mittel sind also Hinterlegung des Streitgegenstandes oder Sicherheitsleistung für die Erfüllung der streitigen Verpflichtung. Beide berühren sich, wenn der Anspruch auf nach § 108 der ZPO. zur Sicherheitsleistung geeignete Sachen, insbesondere also auf Geld, gerichtet ist (vgl. Stein, ZPO. § 804 Anm. V). In Zusammenhang mit § 713 Abs. 2 stehen die §§ 720 (vgl. § 815 Abs. 3), 775 Nr. 3 (vgl. § 776 Satz 1), 817 Abs. 4, 819 und 839.

β. Die §§ 710 u. 713 (vgl. dazu § 751 Abs. 2) sehen eine von dem Gläubiger vor der Zwangsvollstreckung zu leistende Sicherheit vor. Ihre Rückgabe erleichtert § 715.

γ. Die unter α und β aufgeführten Vorschriften betreffen die Anordnung einer Sicherheitsleistung schon im Urteil. Aber auch nach Erlaß des Urteils kann anläßlich seiner Vollstreckung die Leistung einer Sicherheit gefordert werden, und zwar, wenn die Wiedereinsetzung in den vorigen Stand oder eine Wiederaufnahme des Verfahrens beantragt wird (§ 707 Abs. 1), bei Einlegung des Einspruchs oder eines Rechtsmittels (§ 719), bei Erhebung von Einwendungen gegen die Vollstreckungsklausel (§ 732), bei der Vollstreckungsgegenklage (§§ 769, 770) und bei der Widerspruchsklage (§ 771 Abs. 3).

δ. Die Sicherheitsleistung bei Arresten und einstweiligen Verfügungen ist geregelt in den §§ 921 Abs. 2, 923, 925 Abs. 2, 927 Abs. 1 und 939.

ε. Sonderfälle sind noch folgende:

aa) Wird eine durch Pfand gesicherte Forderung gepfändet und überwiesen, so kann der Schuldner die Pfandherausgabe verweigern, bis ihm der Gläubiger wegen etwaiger Ansprüche des Verpfänders Sicherheit leistet (§ 838).

bb) Der zur Unterlassung verurteilte Schuldner kann zur Sicherheitsleistung wegen des infolge seiner Zuwiderhandlungen zu befürchtenden Schadens angehalten werden (§ 890 Abs. 1 u. 3).

III. Konkursordnung.

Die KO. trifft Bestimmungen:

1. über die Hinterlegung der Teilungsmasse (§§ 129 Abs. 2, 132 Abs. 1 und 137), vgl. HO. § 22 Abs. 2 Nr. 3;

2. über die Hinterlegung anläßlich der Schlußverteilung (§ 169; vgl. auch § 168);

3. über Sicherheitsleistung, deren Ausführung sich gemäß § 72 nach den Bestimmungen der ZPO. (vgl. oben bei II 4 S. 24) richtet:

a) Dem Konkursverwalter kann das Gericht die Leistung einer Sicherheit auferlegen (§ 78 Abs. 2).

b) Zwecks Aufrechnung einer aufschiebend bedingten Forderung kann der Gläubiger Sicherstellung verlangen (§ 54 Abs. 3, auch § 171).

IV. Gesetz über die Zwangsversteigerung und Zwangsverwaltung.

Das ZVG. sieht vor die Hinterlegung:

1. des Bargebots (§ 49 Abs. 3; vgl. § 94);

2. des Erlöses aus der Sonderverwertung einzelner mithaftender Gegenstände (§ 65; vgl. § 107 Abs. 1);

3. des Versteigerungserlöses:

a) wenn die Auszahlung im Versteigerungstermin nicht erfolgen kann (§ 117);

b) soweit er auf aufschiebend bedingte Ansprüche entfällt (§ 120 Abs. 1). Diese Vorschrift findet in den Fällen der §§ 121 u. 124 entsprechende Anwendung;

c) für den unbekannten Berechtigten (§ 126).

Zu a—c: § 142 regelt das Erlöschen der Rechte an den in diesen Fällen hinterlegten Beträgen. Vgl. auch HO. § 29. — Wegen der entsprechenden Anwendung der genannten Vorschriften auf die Verteilung der Überschüsse aus der Zwangsverwaltung vgl. §§ 156—158;

4. zur Sicherheitsleistung:

a) Wird mit und ohne Zahlungsfristen ausgeboten, so ist der Zuschlag auf das mit ihnen erfolgte Gebot nur zu erteilen, wenn ein Dritter unter Sicherheitsleistung Zahlung im Verteilungstermin verspricht (§ 61).

b) Von dem Bieter kann ein Beteiligter, dessen Recht durch Nichterfüllung des Gebots beeinträchtigt werden würde, Sicherheitsleistung verlangen (§ 67). Die Höhe dieser Sicherheit bestimmt § 68, ihre Art § 69. Die Übergabe an das Gericht hat die Wirkung der Hinterlegung (für die freiwillige Versteigerung vgl. PrFGG. Art. 73). Die weitere Behandlung der Bietersicherheit regeln §§ 107 Abs. 3, 108 (vgl. auch § 184; EG.ZVG. Art. 10; AG.ZVG. Artt. 9, 10).

c) Der Beteiligte, der die Bestimmung eines neuen Versteigerungstermins beantragt, hat auf Verlangen Sicherheit für den durch die Versagung des Zuschlags etwa entstehenden Schaden zu leisten (§ 85).

d) Sicherheitsleistung des Schuldners, der dem Teilungsplan widerspricht, kennt § 115 Abs. 3 u. 4.

e) Dem Zwangsverwalter kann das Gericht eine Sicherheitsleistung auferlegen (§ 153 Abs. 2).

V. Strafprozeßordnung.

1. Die StPO. bestimmt, daß Gegenstände, welche als Beweismittel für die Untersuchung von Bedeutung sein können, oder die der Einziehung unterliegen, in Verwahrung zu nehmen oder in anderer Weise sicherzustellen sind

(§ 94 Abs. 1). Letzteres kann durch Hinterlegung geschehen (vgl. HO. § 4 Abs. 2 in Verb. mit § 17 der AV.).

2. Die Hinterlegung zur Sicherheitsleistung fordert oder gestattet die StPO. in folgenden Fällen:

a) Ein Angeschuldigter, dessen Verhaftung lediglich wegen Fluchtverdachts angeordnet ist, kann gegen Sicherheitsleistung mit der Untersuchungshaft verschont werden (§ 117). Die Sicherheitsleistung erfolgt durch Hinterlegung nach Maßgabe des § 118 (wegen des weiteren Verfahrens, insbesondere auch des Verfalls der Sicherheit vgl. §§ 119—122, 124). Vgl. HO. § 41 Nr. 4.

b) Wird gerichtliche Entscheidung gegen den die Erhebung der öffentlichen Klage ablehnenden Bescheid der Staatsanwaltschaft beantragt, so kann dem Antragsteller vor der Entscheidung die Leistung einer Sicherheit wegen der entstehenden Kosten auferlegt werden (§ 174).

c) Der Privatkläger hat wegen der Kosten Sicherheit zu leisten wie der Kläger im Zivilprozeß (§ 419).

d) Die Bewilligung von Strafaufschub kann an die Leistung einer Sicherheit geknüpft werden (§ 488 Abs. 3).

VI. Handelsgesetzbuch.

Das HGB. bestimmt in zahlreichen Fällen, daß Waren (Güter) hinterlegt werden können (§§ 373, 437 Abs. 2, 601, 604 Abs. 2, 646). Es handelt sich dort aber nicht um hinterlegungsfähige Gegenstände im Sinne der HO., so daß auch das HGB. die Hinterlegung in öffentlichen Lagerhäusern, nicht bei den Hinterlegungsstellen vorsieht. Jene Vorschriften sind deshalb hier ohne Belang.

Die Hinterlegung von hinterlegungsfähigen Gegenständen ist dagegen im Aktienrecht mehrfach vorgeschrieben:

1. Der Gesellschaftsvertrag kann die Ausübung des

Stimmrechts in der Generalversammlung von der zuvorigen Hinterlegung der Aktien abhängig machen (§ 255 Abs. 2; vgl. §§ 256, 257).

2. Bei der Ernennung von Revisoren auf Antrag einer Minderheit haben die Antragsteller ihre Aktien bis zur Entscheidung über den Antrag zu hinterlegen. Auch kann eine Sicherheitsleistung von ihnen verlangt werden (§ 266 Abs. 2 bis 4). Entsprechendes gilt, wenn Ansprüche der Gesellschaft aus der Gründung oder der Geschäftsführung auf Verlangen einer Minderheit geltend gemacht werden sollen (§ 269 Abs. 2 und 3).

3. Bei der Anfechtungsklage gegen Beschlüsse der Generalversammlung kann das Gericht von dem klagenden Aktionär Sicherheitsleistung fordern (§ 272 Abs. 3; ebenso GmbHG. § 75).

4. Bei der Herabsetzung des Grundkapitals ist den sich meldenden Gläubigern Befriedigung zu gewähren oder Sicherheit zu leisten (§ 289 Abs. 3 u. 4). — Bei diesem Anlaß nicht eingereichte Aktien können für kraftlos erklärt werden. Die an ihre Stelle tretenden neuen Aktien sind zu verkaufen und ihr Erlös zu hinterlegen (§ 290 Abs. 3).

5. Bei der Liquidation erfolgt Hinterlegung und Sicherheitsleistung für die Gläubiger gemäß § 301 Abs. 2 u. 3 in gleicher Weise wie nach § 52 des BGB. bei der Vereinsliquidation.

6. Nach Beendigung der Liquidation sind Bücher und Papiere der Gesellschaft zu hinterlegen, jedoch an einem von dem Gericht zu bestimmenden sicheren Orte (§ 302 Abs. 2). Die Hinterlegungsstelle wird regelmäßig nicht in Betracht kommen.

Die vorstehend unter Nr. 1—6 angeführten Bestimmungen gelten auch für die Kommanditgesellschaft auf Aktien (§ 320 Abs. 3).

Auch das Seerecht kennt die Hinterlegung, und zwar:

1. bei dem Frachtgeschäft im Fall des Streites über die Forderungen des Verfrachters (§ 624);

2. bei der Bodmerei, wenn sich mehrere legitimierte Bodmereibriefsinhaber melden (§ 689);

3. zur Sicherheitsleistung, welche nach den Vorschriften des bürgerlichen Rechts erfolgt.

a) Das Frachtgeschäft sieht Sicherheitsleistung vor:

α. bei dem Antritt der Reise mit unvollständiger Ladung (§ 578);

β. bei der Auslieferung der Güter für die auf ihnen haftenden Beiträge zur großen Haverei, Bergungs- und Hilfskosten und Bodmereigelder (§ 615 Abs. 1; vgl. auch §§ 694, 731 u. 752);

γ. im Fall der Auflösung des Frachtvertrages (§ 632).

b) Für die Beiträge des Schiffes zur großen Haverei ist Sicherheit zu stellen, bevor es den Hafen verlassen darf (§ 730).

VII. Wechselordnung.

1. Mangels Annahme des Wechsels oder bei Unsicherheit des Akzeptanten kann im Regreßwege Sicherheit für die Wechselsumme und die Kosten verlangt werden, an deren Stelle die geschuldete Summe hinterlegt werden darf (Artt. 25 bis 29).

2. Der Akzeptant kann, wenn zur Verfallzeit Zahlung der Wechselsumme von ihm nicht gefordert wird, den Betrag hinterlegen (Art. 40).

3. Nach Einleitung des Aufgebotsverfahrens kann der Eigentümer des abhanden gekommenen Wechsels vom Akzeptanten Zahlung fordern, wenn er bis zur Kraftloserklärung

Sicherheit leistet (Art. 73). Entsprechendes bestimmt § 27 Abs. 2 des ScheckG.

In den Fällen der Artt. 29, 40 u. 73 tritt bei dem eigenen Wechsel der Aussteller an die Stelle des Akzeptanten (Art. 98 Nr. 4, 5 u. 9).

VIII. Sonstige Reichsgesetze.

1. Binnenschiffahrtsgesetz.

Die Hinterlegungsfälle des BSchG. entsprechen im wesentlichen denen des Seerechts (§§ 35, 37, 91, 99; vgl. auch FlößG. § 28).

2. Genossenschaftsgesetz.

a) Bei der Liquidation der Genossenschaft erfolgt die Hinterlegung und die Sicherheitsleistung für die Gläubiger gemäß § 90 Abs. 2 in gleicher Weise wie nach § 52 des BGB. bei der Vereinsliquidation.

b) Die im Konkurse der Genossenschaft von den Genossen eingezogenen Beträge sind zu hinterlegen (§ 110; vgl. KO. § 132).

c) Die Sicherstellung der Gläubiger bei Einstellung des Konkursverfahrens ist in § 116 (auch §§ 128, 130 Abs. 2), bei Herabsetzung der Haftsumme in § 133 Abs. 2 vorgesehen.

3. Gesetz, betr. die Gesellschaften mit beschränkter Haftung.

a) § 73 Abs. 2 entspricht dem § 90 Abs. 2 des GenG. (oben Nr. 2a).

b) Bei Herabsetzung des Stammkapitals sind die Gläubiger sicherzustellen (§ 58).

4. Gesetz über das Auswanderungswesen vom 9. Juni 1897.

Die Auswanderungsunternehmer und -agenten haben vor Erteilung der für ihren Gewerbebetrieb vorgeschriebenen Erlaubnis Sicherheit zu leisten (§§ 5, 7, 14). Doch erfolgt deren Hinterlegung nach § 26 der Bek. des Bundesrats vom 14. März 1898 (RGBl. S. 39) in Verb. mit den Bek. des Finanzministers und des Ministers für Handel und Gewerbe vom 25. März 1898 (BMBl. S. 73) und 16. Juli 1900 (BMBl. S. 231) außer bei der Reichshauptbank bei den Regierungshauptkassen, also nicht bei den Hinterlegungsstellen.

5. Gesetz über die privaten Versicherungsunternehmungen vom 12. Mai 1901.

Nach § 7 Abs. 2 kann die Erlaubnis zum Geschäftsbetriebe von Stellung einer Sicherheit abhängig gemacht werden.

6. Gesetz über den Versicherungsvertrag vom 30. Mai 1908.

§ 155 Abs. 2 setzt bei der Haftpflichtversicherung eine Verpflichtung des Versicherers zur Sicherheitsleistung fest.

7. Gesetz über die Sicherung der Bauforderungen.

Es kennt in seinem zweiten noch nicht in Kraft getretenen Abschnitte eine Sicherheitsleistung durch Hinterlegung anläßlich der Bauerlaubnis (§ 13). Sie ersetzt die Eintragung des Bauvermerks (§§ 12, 17). Die Haftung dieser Sicherheit und ihre Verteilung regeln die §§ 41 ff.

8. Reichsschuldbuchgesetz.

Unter gewissen Voraussetzungen können in das Reichsschuldbuch eingetragene Forderungen von Amts wegen gelöscht und die dafür auszuliefernden Schuldverschreibungen bei der Hinterlegungsstelle in Berlin hinterlegt werden (§ 20).

IX. Landesrecht.

1. Die Hinterlegung in Lehns-, Familienfideikommiß- und Stiftungssachen ist gesetzlich zugelassen

nur für den Schuldner eines Fideikommißkapitals (§ 131 ALR. II, 4; vgl. auch den Sonderfall § 112 das.). Die Praxis ist aber darüber hinausgegangen. Sie erachtet die Hinterlegung von zu Lehen, Familienfideikommissen und Stiftungen gehörenden, unter gerichtlicher Aufsicht stehenden Massen dann für zulässig, wenn eine solche durch die Stiftungsurkunde oder durch Entscheidung oder Anordnung der zuständigen Aufsichtsbehörde gefordert wird (vgl. Vf. des Finanzministers vom 12. Juni 1896, I 10428, abgedruckt bei Müller, Justizverwaltung [6] S. 1610 Nr. 4c). An dieser Übung wird in Zukunft festzuhalten sein, wie denn auch die Hinterlegungsordnung (§§ 2 Abs. 2, 36 Abs. 1, 40 Abs. 1, 41 Nr. 6) und die Ausführungsvorschriften (§§ 2, 4 Abs. 1 u. 2) von ihr ausgehen.

2. Aus der Auseinandersetzungs-, Ablösungs- und Ansiedelungsgesetzgebung sind folgende Bestimmungen hervorzuheben:

a) Nach den §§ 150, 151 u. 153—155 der Gemeinheitsteilungsordnung vom 7. Juni 1821 (GS. S. 53) kann, wenn bei einer Auseinandersetzung die Abtretung von Pertinenzstücken eines Grundstücks gegen einmalige bare Vergütung erfolgt, der Zahlungspflichtige sich durch Hinterlegung befreien, insbesondere auch gegenüber berechtigten Dritten (Hypothekengläubiger, Lehns- und Fideikommißfolger usw.).

b) Nach § 10 Abs. 4 der VO. vom 30. Juni 1834 wegen des Geschäftsbetriebes in den Angelegenheiten der Gemeinheitsteilungen usw. (GS. S. 96) entscheiden die Generalkommissionen bei Streitigkeiten zwischen den Besitzern und den zugezogenen entfernteren Beteiligten auch über die Hinterlegung der Entschädigungs- und Ablösungskapitalien.

c) Das Gesetz über die Errichtung von Rentenbanken vom

2. März 1850 (GS. S. 112) regelt in § 49 die Hinterlegung der Rentenbriefabfindung.

d) Art. 20 Nr. 3b AG.GBO. fordert die Hinterlegung des Kaufgeldes bei Erteilung eines Unschädlichkeitszeugnisses durch die Auseinandersetzungsbehörde.

e) § 17a des Ansiedelungsgesetzes vom 25. August 1876 (in der Fassung des Art. I des Gesetzes vom 10. August 1904, GS. S. 227) läßt zu, daß die Ansiedelungsgenehmigung von der Bestellung einer Sicherheit abhängig gemacht wird. Die gleiche Bestimmung enthält § 17a des Rentengutsgesetzes vom 7. Juli 1891 in der Fassung des Art. III des genannten Gesetzes vom 10. August 1904.

3. Das Allgemeine Berggesetz kennt eine Pflicht:

a) des Schürfers (§§ 6 Abs. 2, 8 u. 9),

b) des Bergwerksbesitzers (§§ 137 Abs. 2, 142, 144 u. 146) zur Sicherheitsleistung gegenüber dem Grundbesitzer.

4. Enteignungsgesetz.

a) Die Enteignung kann erst ausgesprochen werden, wenn die Entschädigungssumme gezahlt oder hinterlegt ist (§§ 32, 34; vgl. auch §§ 25 Abs. 6, 29 Abs. 3).

b) Der Unternehmer ist nach § 37 verpflichtet, die Entschädigung zu hinterlegen:

1. wenn neben dem Eigentümer Entschädigungsberechtigte vorhanden sind, deren Ansprüche an die Entschädigungssumme zurzeit nicht feststehen;
2. wenn das betreffende Grundstück Fideikommiß oder Stammgut ist oder im Lehn- oder Leiheverbande steht;
3. wenn Reallasten, Hypotheken oder Grundschulden auf dem betreffenden Grundstücke haften.

Bei teilweiser Enteignung vgl. § 38. — Die Mitbeteiligten haben ihre Ansprüche im Rechtswege geltend zu machen (§ 37 Abs. 3). Die Verfügungsbefugnis des Eigentümers über die hinterlegte Summe regelt für den Fall Nr. 2 § 47, für den Fall Nr. 3 § 48. In beiden Fällen kann er wegen Auszahlung oder Verwendung der hinterlegten Entschädigungssumme die Vermittlung der Auseinandersetzungsbehörden in Anspruch nehmen (§ 49). Im Fall Nr. 3 ist jedoch außerdem noch ein gerichtliches Verteilungsverfahren nach Maßgabe der Artt. 35—41 des AG.ZVG. zulässig.

c) Die Hinterlegung der Entschädigungssumme ist auch im Falle der freiwilligen Veräußerung nach § 16 gestattet, jedoch nur unter der Voraussetzung, daß es sich um Grundstücke handelt, die nach dem Ermessen der zuständigen Behörde zu dem Unternehmen erforderlich sind, und daß ferner die Durchführung des förmlichen Enteignungsverfahrens vorbehalten ist.

5. Kleinbahngesetz vom 28. Juli 1892.

Nach § 6 Abs. 2 hat der Unternehmer bei Benutzung eines öffentlichen Weges für seine Unterhalts- und Wiederherstellungspflicht Sicherheit zu leisten (vgl. auch §§ 11 Abs. 1, 12, 15).

6. Verordnung, betr. das Verwaltungszwangsverfahren, vom 15. November 1899.

Wenn eine Forderung auf Anordnung mehrerer Vollstreckungsbehörden oder einer Vollstreckungsbehörde und eines Gerichts gepfändet ist, ist der Drittschuldner zur Hinterlegung entsprechend den §§ 853, 854 der ZPO. berechtigt und verpflichtet (§ 48).

7. Gesetz über die Bahneinheiten.

Bei der Verteilung in der Zwangsliquidation sind die nicht erhobenen Anteile für Rechnung der Beteiligten zu hinterlegen (§ 48 Abs. 4).

8. Staatsschuldbuchgesetz.

§ 20 entspricht dem § 20 des Reichsschuldbuchgesetzes.

9. Wassergesetz.

a) Es regelt die Hinterlegung der Entschädigung, die für die Verleihung eines Rechts an einem Wasserlauf zu zahlen ist (§§ 77, 78; wegen der bei Entziehung der Verleihung zu zahlenden Entschädigung vgl. § 84 Abs. 3).

b) Eine Sicherheitsleistung ist vorgesehen bei der Verleihung eines Rechts an einem Wasserlauf (§ 59), bei dem Umbau oder der Sicherung einer Stauanlage (§ 97 Abs. 5), bei der Versagung der Genehmigung zur Beseitigung einer Stauanlage (§ 99 Abs. 2), bei Maßnahmen zur Verhütung nachteiliger Wirkungen von Stauanlagen (§ 103 Abs. 2) und bei der Mitbenutzung einer Entwässerungsanlage (§ 339).

III. Verhältnis der Hinterlegungsordnung zum Reichsrecht.

Die Befugnis des Landesrechts,*) das Hinterlegungswesen auch für die reichsrechtlich bestimmten Hinterlegungsfälle zu regeln, beruht auf folgenden Vorschriften des EG.BGB.:

1. Artikel 144:

Unberührt bleiben die landesgesetzlichen Vorschriften über die sachliche und örtliche Zuständigkeit der Hinterlegungsstellen. Die Landesgesetze können bestimmen, daß die Anlegung von Mündelgeld nach § 1808 des BGB. bei den Hinterlegungsstellen des Bundesstaats nicht stattfindet.

---

*) Die außerpreußischen Hinterlegungsgesetze sind zum Teil in der oben (S. 12, 13) abgedruckten Stelle der Begründung angeführt. Sie finden sich sämtlich in der Sammlung der Ausführungsgesetze zum BGB. von Becher (München 1901).

Das BGB. setzt voraus, daß in jedem Bundesstaat öffentliche Hinterlegungsstellen bestehen. Deren Organisation zu bestimmen überläßt es aber den Landesgesetzen. Das Nähere über die sachliche und örtliche Zuständigkeit nach der Hinterlegungsordnung findet sich in den Anmerkungen zu § 2 der HO.

Von der Befugnis des Satzes 2 hat Preußen Gebrauch gemacht. Nach Art. 76 Abs. 2 des AG.BGB. findet die Anlegung von Mündelgeld bei den ordentlichen Hinterlegungsstellen, d. h. also jetzt bei den Amtsgerichten, nicht statt (vgl. oben S. 20).

2. Artikel 145:

Die Landesgesetze können über die Hinterlegung nähere Bestimmungen treffen, insbesondere den Nachweis der Empfangsberechtigung regeln und vorschreiben, daß die hinterlegten Gelder und Wertpapiere gegen die Verpflichtung zur Rückerstattung in das Eigentum des Fiskus oder der als Hinterlegungsstelle bestimmten Anstalt übergehen, daß der Verkauf der hinterlegten Sachen von Amts wegen angeordnet werden kann sowie daß der Anspruch auf Rückerstattung mit dem Ablauf einer gewissen Zeit oder unter sonstigen Voraussetzungen zugunsten des Fiskus oder der Hinterlegungsanstalt erlischt. In den Fällen des § 382, des § 1171 Abs. 3 und des § 1269 Satz 3 des BGB. muß dem Hinterleger die Rücknahme des hinterlegten Betrags mindestens während eines Jahres von dem Zeitpunkt an gestattet werden, mit welchem das Recht des Gläubigers auf den hinterlegten Betrag erlischt.

Vor einer gerichtlichen Anordnung kann die Hinterlegung nicht abhängig gemacht werden.

Das BGB. ordnet erschöpfend nur die rechtlichen Beziehungen zwischen den Hinterlegungsbeteiligten. Dagegen überläßt es die Regelung des Hinterlegungsverfahrens und des Verhältnisses, das durch die Hinterlegung zwischen den Hinterlegungsbeteiligten und dem durch die Hinterlegungsstelle vertretenen Staat entsteht, der Landesgesetzgebung, soweit es nicht selbst ausdrückliche Vorschriften auch in dieser Beziehung trifft (z. B. in § 376). Die Zulässigkeit solcher ergänzenden Bestimmungen des Landesrechts wird in Art. 145 nicht bloß allgemein hervorgehoben, sondern auch in einigen Richtungen noch besonders klargestellt. Hierzu ist für Preußen zu bemerken:

a) Der Nachweis der Empfangsberechtigung ist in den §§ 14 ff. der HO. geregelt.

b) Nur das hinterlegte Geld geht in das Eigentum des Staates über, der es dem Empfangsberechtigten zurückerstatten muß (HO. § 6). Dagegen wird der Staat nicht Eigentümer der hinterlegten Wertpapiere (HO. § 9 Abs. 1).

c) Das Erlöschen des Anspruchs auf Rückerstattung der hinterlegten Sachen zugunsten der Staatskasse kann durch Aufgebot herbeigeführt werden (HO. §§ 27 ff.). In gewissen Fällen wird von einem Aufgebot jedoch abgesehen, so daß die hinterlegten Sachen dem Staate schon durch Zeitablauf verfallen (HO. §§ 33, 34, 39).

Die Landesgesetzgebung ist freilich bei der näheren Regelung des Hinterlegungswesens insofern beschränkt, als sie auch nicht mittelbar die Bestimmungen, die das BGB. für das materielle Hinterlegungsrecht gibt, abändern darf. In das reichsrechtlich geordnete Rechtsverhältnis zwischen den Hinterlegungsbeteiligten dürfen die Landesgesetze nicht eingreifen. Dieser Grundsatz kommt in Art. 145 in zwei Folgerungen zum Ausdruck:

a) Das an sich von dem Landesrecht zu regelnde Erlöschen des Anspruchs gegen den Staat auf Rückerstattung darf in den Fällen der §§ 382, 1171 Abs. 3 und 1269 Satz 3 des BGB. nur so gestaltet werden, daß dem Hinterleger die in jenen Bestimmungen vorgesehene Rücknahme des hinterlegten Betrages noch während eines Jahres von dem Erlöschen des Rechts des Gläubigers an gestattet bleibt. Dem entspricht § 28 der HO.

b) Die in dem BGB. vorgesehene Hinterlegung beruht in zahlreichen Fällen auf der freien Entschließung des Hinterlegers. Ihre Rechtmäßigkeit entscheidet sich im Streitfall erst durch Prozeß und Urteil. Das gilt insbesondere von der Hinterlegung zur Schuldbefreiung. Einen Eingriff in diesen Rechtszustand würde es bedeuten, wenn die Landesgesetzgebung die Hinterlegung von einer vorherigen gerichtlichen Anordnung abhängig machen wollte. Deshalb wird ihr die Befugnis, eine solche Bestimmung zu treffen, durch Art. 145 genommen, und zwar für das ganze Gebiet reichsrechtlicher Hinterlegungsfälle. Diesem Grundsatz widerspricht es nicht, wenn die Hinterlegungsstellen für berechtigt erklärt werden, die Voraussetzungen der Hinterlegung selbst zu prüfen. Dies ist auch zulässig, wenn Gerichte Hinterlegungsstellen sind. Sie entscheiden dann über die Annahme zur Hinterlegung nicht als Gerichte, sondern als Organe der Justizverwaltung. Wie weit die Hinterlegungsordnung eine solche Prüfung des Hinterlegungsgrundes gestattet oder fordert, ist bei § 4 Anm. 2 erörtert.

3. Artikel 146:

Ist durch Landesgesetz bestimmt, daß die Hinterlegungsstellen auch andere Sachen als Geld, Wertpapiere und sonstige Urkunden sowie Kostbarkeiten anzunehmen haben, so finden auf Schuldverhältnisse, die auf Leistung derartiger Sachen gerichtet sind, die Vorschriften der §§ 372 bis 382 des BGB. Anwendung.

Diese Bestimmung ist für Preußen ohne Bedeutung, da § 1 der HO. den Kreis der hinterlegungsfähigen Sachen nicht erweitert hat.

IV. Das Hinterlegungsverhältnis. — Die Zulässigkeit des Rechtswegs.

Die oben unter II angeführten materiellen Bestimmungen erklären die Hinterlegung teils für zulässig, teils sogar für erforderlich. Zu ihrer Ausführung stellt der Staat seine Organe zur Verfügung. Er tut dies nicht im eigenen Interesse, sondern als Wahrer der Rechtsordnung, die es erfordert, daß Vermögensstücke Privater in sichere Obhut genommen werden können (vgl. Begr. S. 16; abgedruckt oben S. 14). Indessen ist es nicht angängig, aus dieser allgemeinen Erwägung schon zu folgern, daß die Rechtsbeziehungen, die durch die Hinterlegung zwischen dem Staat einerseits, dem Hinterleger und den übrigen Hinterlegungsbeteiligten andererseits entstehen, lediglich öffentlichrechtlicher Natur sind. Denn auch bei Gelegenheit und zur Unterstützung der Ausübung eines Staatshoheitsrechts können privatrechtliche Verhältnisse geschaffen werden (vgl. RGZ. 51 219). So kommt es für die Frage nach der Rechtsnatur des Hinterlegungsverhältnisses darauf an, wie das geltende Recht es gestaltet hat.

Das BGB. gibt dem Empfangsberechtigten einen privatrechtlichen Anspruch aus der Hinterlegung gegen den Staat auf Rückgabe der hinterlegten Sachen. Es war das nicht bloß die einhellige Ansicht der Verfasser des Gesetzes (Reichstagskommissionsbericht zum EG.BGB. S. 14; bei Mugdan, Materialien 1 328). Dieses selbst bringt es mit hinreichender

Deutlichkeit zum Ausdruck. Schon daß es anläßlich der Hinterlegung zum Zweck der Schuldbefreiung bestimmte Rechte des Gläubigers (§ 382; vgl. § 373) und des Schuldners (§§ 376, 377, 382) gegen die Hinterlegungsstelle festsetzt und näher ausgestaltet, deutet darauf hin, daß es diese Rechte als private angesehen wissen will. Entscheidend ist aber, daß es in § 233 von einer „Forderung" auf Rückerstattung der hinterlegten Gegenstände, in Art. 145 des EG. von einem „Anspruch" darauf spricht, beides Worte, die nach der Ausdrucksweise des BGB. privatrechtliche Beziehungen bezeichnen. Die beiden letzten Stellen beweisen auch, daß nicht bloß bei der Hinterlegung zur Schuldbefreiung, sondern auch bei der Hinterlegung zu anderen Zwecken, insbesondere der zur Sicherheitsleistung, ein Verhältnis des bürgerlichen Rechts vorliegt.

Die Hinterlegungsordnung, die nach Art. 145 des EG. BGB. vielleicht überhaupt, jedenfalls aber für die landesgesetzlichen Hinterlegungsfälle Abweichendes hätte bestimmen können, hat dies nicht getan. Auch ihre Vorschriften lassen sich ungezwungen nur aus der Annahme privatrechtlicher Beziehungen zwischen Staat und Hinterlegungsbeteiligten erklären. So spricht § 10 von einer „Haftung" des Staates für Kapital nebst Zinsen. § 20 bestimmt, daß, wenn die hinterlegten Gegenstände unter Beobachtung gewisser Regeln herausgegeben seien, die Staatskasse lediglich auf Grund eines besseren Rechts zum Empfange nicht in Anspruch genommen werden könne. Diese Inanspruchnahme kann nur als eine solche im Wege des Zivilprozesses gedacht sein. Sie würde, wenn die Hinterlegungsstelle lediglich staatliche Hoheitsakte zu vollziehen hätte, auch nach der Herausgabe nicht in Frage kommen können.

Ist somit nach dem geltenden Recht das Hinterlegungsverhältnis zunächst privatrechtlicher Natur, so muß man annehmen, daß zwischen dem Staat und dem Hinterleger ein Vertrag geschlossen wird, der dem materiell Berechtigten einen Anspruch gegen ersteren auf Rückgabe der hinterlegten Sachen gibt. Ob man diesen Vertrag den Rechtsbegriffen „Verwahrung" und „Vertrag zugunsten Dritter" unmittelbar oder mittelbar unterordnet, ist dabei von praktisch nicht wesentlicher Bedeutung. Doch werden die Vorschriften der „Verwahrung" (§§ 688 ff.) jedenfalls entsprechend anzuwenden sein, soweit die Hinterlegungsordnung nichts anderes bestimmt.

Die hier in aller Kürze entwickelte Ansicht ist die herrschende (vgl. z. B. Planck, BGB., 3. Aufl., Buch 2 Abschn. 3 Tit. 2 Vorbem. 4 S. 230; Staudinger, BGB., 5./6. Aufl., das. Vorbem. 4 S. 375; Oertmann, Recht der Schuldverhältnisse, 3./4. Aufl., das. Vorbem. 5 S. 270; Hellwig, Verträge zugunsten Dritter S. 444), während die öffentlichrechtliche Natur des Hinterlegungsverhältnisses darzutun der Zweck des Buches von Kopf, Das Hinterlegungsverhältnis (Berlin 1903) ist (ebenso Endemann, Lehrbuch des bürgerlichen Rechts I § 143 Nr. 4b). Der Kommentar der RGR. (2. Aufl., § 372 Anm. 1) nimmt einen vermittelnden Standpunkt ein, will aber anscheinend einen privatrechtlichen Anspruch des Gläubigers auf Herausgabe anerkennen.

Das Reichsgericht hat in seinem Urteil vom 29. April 1881 (RheinArch. 72 III S. 12) die Hinterlegung als privatrechtliches Vertragsverhältnis bezeichnet. Nicht ganz unzweifelhaft ist seine Auffassung in dem Urteil vom 17. Mai 1884 (RGZ. 11 319), in dem jedenfalls das Bestehen eines Verwahrungsvertrages im Sinne des § 9 ALR. I, 14 zwischen Hinterlegungsstelle und Hinterleger verneint wird. Das

Urteil vom 2. Mai 1887 (RGZ. **18** 284) betont die selbständige Prüfungspflicht der Hinterlegungsstelle gegenüber Herausgabeanträgen, nimmt aber zu der allgemeineren Frage unmittelbar nicht Stellung. Übrigens sind diese vor 1900 ergangenen Entscheidungen jetzt nicht mehr ohne weiteres verwertbar.

Mit der Frage nach der Natur des Hinterlegungsverhältnisses hat sich besonders der Gerichtshof zur Entscheidung der Kompetenzkonflikte zu beschäftigen gehabt, und zwar anläßlich der Prüfung der Frage, ob gegen die eine beantragte Auszahlung ablehnende Entscheidung der Hinterlegungsstelle der Rechtsweg zulässig sei. Er hat in zahlreichen Erkenntnissen (v. 10. 6. 82 in VMBl. **82** 242; v. 11. 10. 84, das. **84** 248; v. 14. 10. 93, das. **94** 51; v. 8. 6. 95, das. **96** 117; v. 10. 4. 97, das. **97** 127; v. 26. 3. 04, das. **04** 105) die Zulässigkeit des Rechtswegs verneint, soweit es sich um die Entscheidung einer Hinterlegungsstelle über den bei Gesuchen um Auszahlung zu führenden Nachweis der Berechtigung zur Empfangnahme handelt. Der Gerichtshof erkennt dabei an, daß aus der Hinterlegung ein privatrechtliches Schuldverhältnis entstehe, erklärt dieses aber als durch das öffentliche Recht wesentlich begrenzt und modifiziert. Weiter folgert er daraus, daß der Staat nicht im fiskalischen Interesse, sondern in Ausübung hoheitlicher Rechte die Hinterlegung übernehme, sowie aus den Bestimmungen der §§ 5, 22 ff. der bisherigen Hinterlegungsordnung, daß die Empfangsberechtigung von den Hinterlegungsstellen selbständig zu prüfen sei, daß daher insoweit ihre Entscheidungen dem Rechtswege entzogen seien. Nach erfolgter Auszahlung des Hinterlegten sei freilich ein Dritter, der Ansprüche erheben wolle, nicht gehindert, sie im ordentlichen Zivilprozeß zu verfolgen, in welchem Punkte der Gerichtshof mit dem Reichsgericht (vgl. die oben erwähnte Entscheidung RGZ. 18 284) übereinstimmt. Diese Rechtsprechung ist nach Inkrafttreten des BGB. unverändert festgehalten.

Die Einschränkung des Rechtsweges ist mit der oben vertretenen Ansicht von der grundsätzlich privatrechtlichen Natur des Hinterlegungsverhältnisses, von der ja auch der Kompetenzkonfliktsgerichtshof ausgeht, durchaus verträglich. Sie wird auch nach der neuen Hinterlegungsordnung als richtig anerkannt werden müssen, da nach ihr die Rechtslage in den entscheidenden Punkten die gleiche bleibt. Sie läßt die Annahme (§ 4 Abs. 1) wie die Herausgabe (§ 13) lediglich auf Verfügung der Hinterlegungsstelle erfolgen und bringt damit in gleicher Weise wie das frühere Gesetz zum Ausdruck, daß die Hinterlegungsstelle mit diesen Entscheidungen staatliche Hoheitsakte vollzieht, die mit Klage nicht angegriffen werden können. Daß dies der Sinn jener Bestimmungen ist, ergibt auch die Entstehungsgeschichte des Gesetzes. Bei den Beratungen ist es ausdrücklich abgelehnt worden, abweichend von dem bisherigen Rechtszustande den Rechtsweg zuzulassen (Ber. II S. 1 ff., insbesondere 16, 19 ff.). Auch die allgemeinen Erwägungen des Gerichtshofes treffen nach dem neuen Gesetz noch zu. Daß das privatrechtliche Verhältnis, das, wie oben dargelegt, anläßlich der Ausübung eines Staatshoheitsrechts entsteht, von diesem Entstehungsgrunde nicht völlig unbeeinflußt bleiben kann, ist zuzugeben. Und so widerspricht es auch nicht dem § 4 EG.ZPO., wenn wegen dieser besonderen Artung des Hinterlegungsverhältnisses der Rechtsweg für die aus ihm entstehenden Ansprüche beschränkt wird.

Zweifelhaft kann sein, ob außer der Empfangsberechtigung auch der Umfang des Herausgabeanspruchs lediglich der Entscheidung der Hinterlegungsstelle unterliegt, etwa bei einem

Streit über Berechnung von Zinsen oder über Verjährung. Nach § 14 der HO. soll die Herausgabeverfügung ergehen, wenn die Berechtigung des Empfängers nachgewiesen ist, d. h. die Berechtigung gegenüber den Beteiligten, wie die Sonderfälle der Nr. 1—3 des § 14 deutlich erkennen lassen. Diese Berechtigung begründet auch den Anspruch gegen die Hinterlegungsstelle. Soweit der Umfang des Herausgabeanspruchs von dem Verhältnis zu den Beteiligten abhängt, die Frage also, ob der Fordernde oder ein anderer die hinterlegten Sachen ganz oder teilweise erhalten soll, entscheidet die Hinterlegungsstelle. Ist dagegen das Verhältnis unter den Beteiligten klargestellt und hängt der streitige Umfang der Verpflichtung der Hinterlegungsstelle von jenen Beziehungen nicht ab, so liegt kein Fall vor, über den allein die Hinterlegungsstelle durch ihre Verfügung zu entscheiden hat. Es handelt sich dann nicht mehr um den Nachweis der Empfangsberechtigung im Sinne des § 14. Mithin ist insoweit der Rechtsweg zulässig.

Daß nach erfolgter Auszahlung Dritte ihre vermeintlichen Rechte klagend geltend machen können, ist, wie schon hervorgehoben, in der bisherigen Rechtsprechung nicht bestritten worden. Auch bei den Beratungen der neuen Hinterlegungsordnung ist das als richtig anerkannt worden (vgl. Ber. II S. 10).

Die Natur des Hinterlegungsverhältnisses ist von praktischer Bedeutung auch für die Frage der Verjährung. Das Nähere darüber findet sich in der Vorbemerkung Nr. 3 zu den §§ 27 ff.

Die bisherigen Ausführungen betreffen übrigens lediglich die Hinterlegung bei den staatlichen Hinterlegungsstellen. Soweit bei den auf Grund des Art. 85 des AG.BGB. (HO. § 44) als Hinterlegungsstellen bezeichneten Anstalten (vgl.

§ 2 Anm. 3b) hinterlegt wird, entstehen nur privatrechtliche Beziehungen. Der Rechtsweg unterliegt keinen Beschränkungen.

Unberührt bleibt auch durch die HO. die Frage, inwieweit zwischen den Beteiligten der Rechtsweg zulässig ist. Er ist es regelmäßig. Doch schließt ihn z. B. § 124 der StPO. bei der Hinterlegung einer Sicherheit zum Zweck der Verschonung mit der Untersuchungshaft aus.

Hinterlegungsordnung.

Vom 21. April 1913 (GS. S. 225).

Erster Abschnitt.

Allgemeine Bestimmungen.

§ 1. Zur Hinterlegung sind Geld, Wertpapiere, sonstige Urkunden und Kostbarkeiten geeignet. Als Kostbarkeiten können auch Münzen und Wertzeichen hinterlegt werden.

1. Die HO. bestimmt den Kreis der zur Hinterlegung geeigneten Sachen in Einklang mit § 372 d. BGB., so daß Art. 146 d. EG.BGB. für Preußen ohne Bedeutung ist (vgl. Einleitung S. 39, 40).

2. Geld im Sinne der HO. ist, wie nach § 372 d. BGB. (vgl. Staudinger § 372 Anm. II), jedes Zahlungsmittel im Verkehrssinne. Es kann also nicht bloß inländisches, sondern auch ausländisches Münz- und Papiergeld hinterlegt werden. Dies ergibt der allgemeine Wortlaut wie die Entstehungsgeschichte des Gesetzes. § 1 des Entw. wollte die Hinterlegung von anderem als kassenmäßigem Gelde nur zum Zweck der Befreiung des Schuldners von seiner Verbindlichkeit unter gewissen Voraussetzungen zulassen. Die Justizkommission des Herrenhauses (Ber. I S. 5 ff.) hat diese Einschränkung gestrichen. Die danach allgemein zulässige Hinterlegung von nicht kassenmäßigem Gelde ist jedoch in § 8 abweichend von der anderen Geldes geregelt. — Über die Hinterlegung von Geld finden sich weitere Bestimmungen in den §§ 4 Abs. 2, 6, 7, 10 Abs. 4 und 25—33, über die von Geld, dessen Betrag die Summe von 100 ℳ nicht erreicht, in den §§ 34

bis 38 und über die von nicht kassenmäßigem Gelde in den §§ 8, 34—38, 40 und 41.

3. Wertpapiere im Sinne des bürgerlichen Rechts sind nach herrschender Ansicht alle Urkunden, deren Innehabung zur Ausübung des in ihnen verbrieften Rechts notwendig ist (Komm. der RGR., 2. Aufl., Buch 2 Abschn. 7 Tit. 22 Vorbem. 1 und § 1807 Anm. zu Nr. 2—4; Jacobi, Die Wertpapiere, S. 23). Zu ihnen gehören also außer den Inhaber- und Orderpapieren auch die Rektapapiere, z. B. der Hypothekenbrief, ferner die Karten und Marken des § 807 d. BGB. und die Legitimationspapiere des § 808 daselbst, z. B. das Sparkassenbuch. — Für § 1 ist eine Abgrenzung der Wertpapiere von den sonstigen Urkunden nicht erforderlich, da auch diese hinterlegbar sind. Ebenso gilt § 9 für Wertpapiere und Urkunden. Dagegen stellen die §§ 10, 22, 34—38, 40 u. 41, sowie der durch § 44 aufrechterhaltene Art. 85 d. AG.BGB. Sonderregeln für Wertpapiere auf. Bei den Beziehungen der Vorschriften des Hinterlegungsrechts zum bürgerlichen Recht, dessen Ausführung sie dienen, muß angenommen werden, daß sie das Wort „Wertpapiere" gleichfalls in der dargelegten Bedeutung gebrauchen. Auch die Papiere des Mündels, von denen § 21 spricht, sind Wertpapiere in diesem Sinne. Nur die Kostenvorschriften der §§ 40 u. 41 gehen, wie bei ihnen (§ 40 Anm. 3) dargelegt werden wird, von einem engeren Wertpapierbegriff aus. — Papiere, auf welche die Zahlung dem Inhaber geleistet werden kann, erwähnt § 4 Abs. 2.

4. Urkunden sind im Sinne der HO. nur Schrifturkunden. Es genügt, daß ein Gedanke durch Schriftzeichen zum Ausdruck kommt (Planck, BGB. § 372 Anm. 1; auch § 810 Anm. 2). Es sind also z. B. einfache Schuldscheine und Handelsbücher hinterlegbar. Auch Akten können hinterlegt werden, soweit die in ihnen vereinigten Schriftstücke Urkundencharakter haben (vgl. OLG. 6 54). — Vorschriften über die Hinterlegung sonstiger Urkunden enthalten die §§ 9, 39 u. 40.

5. Kostbarkeiten sind Sachen, die einen im Verhältnis zu ihrem Umfange hohen Wert in sich tragen (RGZ. 13 38; 75 194).

Der hohe Wert kann Materialwert sein oder auf der Bearbeitung beruhen (z. B. bei Kunstwerken). Die Abgrenzung im Einzelfall wird bei Berücksichtigung der Verkehrsanschauung keine Schwierigkeiten machen. — In den §§ 4 Abs. 2, 9, 21, 34—38 u. 40 finden sich weitere Bestimmungen über die Hinterlegung von Kostbarkeiten.

Als Kostbarkeiten können nach Satz 2 auch hinterlegt werden:

a) Münzen, d. h. sowohl die nicht mehr in Kurs befindlichen wie auch die noch geltenden in- und ausländischen Metallgeldstücke. Die praktische Bedeutung dieser Vorschrift liegt darin, daß, während das hinterlegte Geld in das Eigentum des Staates übergeht (§ 6), Kostbarkeiten unverändert aufbewahrt werden (§ 9 Abs. 1). Kommt es daher auf die Individualität des einzelnen Geldstücks an, so kann diese durch seine Hinterlegung als Kostbarkeit gewahrt werden.

b) Wertzeichen. Darunter versteht man regelmäßig solche Zeichen, die, unter öffentlicher Autorität ausgestellt, die Entrichtung gewisser Steuern, Beiträge und Gefälle erleichtern und kontrollieren (vgl. StGB. § 275; RGSt. 23 340; 30 330). Diese, z. B. Briefmarken, Stempelpapier, Stempelmarken, Versicherungsmarken, fallen schon unter den Begriff der Urkunden. Insofern ist ihre unveränderte Aufbewahrung bereits gesichert, so daß es zu diesem Zwecke ihrer Bezeichnung als Kostbarkeiten nicht bedarf. Für sie ist also der Satz 2 des § 1 gegenstandslos. Das von ihm gebrauchte Wort „Wertzeichen" ist daher einschränkend auszulegen. Es umfaßt nur die Geldzeichen, die nicht aus Metall gefertigt sind, also Kassenscheine, Banknoten und eigentliches Papiergeld (anders freilich einige Äußerungen in der Kommission des Herrenhauses; vgl. Ber. I S. 8). Für sie wird — wie für Metallgeld — durch die Erlaubnis, sie als Kostbarkeiten zu hinterlegen, ein Weg geschaffen, um ihren Übergang in das Eigentum des Staates auszuschließen und ihre individuelle Rückerstattung zu sichern.

Die Möglichkeit, Münzen und Wertzeichen als Kostbarkeiten zu hinterlegen, kann besonders bei der Hinterlegung von nicht kassenmäßigem Gelde dazu benutzt werden, um dessen Umsetzung in kassenmäßiges (§ 8 Abs. 2) zu verhindern. Auch für die Hinterlegung von Amts wegen (§ 4 Abs. 2; AV. § 17) ist die Vorschrift wichtig. Gerade bei Münzen, Banknoten usw., die in Strafsachen als Beweismittel für die Untersuchung von Bedeutung sein können, wird es darauf ankommen, sie unverändert aufzubewahren (vgl. AV. § 17 Abs. 3).

Ob Münzen und Wertzeichen als Kostbarkeiten zu hinterlegen sind, unterliegt der Bestimmung des Hinterlegers, in dessen Interesse die Vorschrift geschaffen ist (vgl. AV. § 17 Abs. 3).

§ 2. (1) Hinterlegungsstellen sind die Amtsgerichte. Durch Anordnung der Justizverwaltung können Geschäfte der Hinterlegungsstelle Gerichtsschreibern übertragen werden. Dies gilt nicht für Entscheidungen über Erinnerungen.

(2) Für Lehns-, Familienfideikommiß- oder Stiftungssachen können durch die zuständigen Minister andere staatliche Behörden als Hinterlegungsstellen bestimmt werden.

1. Die Organe des Staates bei der Hinterlegung sind die Hinterlegungsstellen. Sie treffen die Entscheidung über die Annahme und Herausgabe (§§ 4, 13). Ihnen unterstehen die Hinterlegungskassen, die die Annahme und Herausgabe sowie die Verwahrung der hinterlegten Sachen tatsächlich bewirken. Die Teilung der Verrichtungen zwischen den Hinterlegungsstellen und den Hinterlegungskassen ergibt sich im einzelnen aus den Ausführungsvorschriften.

2. Die allgemeinen Hinterlegungsstellen sind nicht mehr, wie nach altem Recht (a.HO. § 1), die Bezirksregierungen, sondern die Amtsgerichte.

a) Die Bearbeitung der Hinterlegungssachen erfolgt regelmäßig durch den Amtsrichter, bei den mit mehreren Richtern besetzten Amtsgerichten durch einen oder mehrere Amtsrichter nach näherer Bestimmung des Landgerichtspräsidenten (AV. § 3 Abs. 2).

b) Die Geschäfte der Hinterlegungsstelle — mit Ausnahme der Entscheidungen über Erinnerungen (vgl. § 3 Anm. 2) — kann die Justizverwaltung auch Gerichtsschreibern übertragen. § 3 Abs. 3 der AV. beschränkt das im wesentlichen auf die Geschäfte bei der Annahme. Die näheren Bestimmungen trifft der Landgerichtspräsident.

3. Die besonderen Hinterlegungsstellen schließen teils die allgemeinen Hinterlegungsstellen aus, teils treten sie nur neben sie.

a) An Stelle der Amtsgerichte sind nach § 2 d. AV. in Lehns-, Familienfideikommiß- und Stiftungssachen die Oberlandesgerichte und Landgerichte Hinterlegungsstellen, insoweit sie Lehnshöfe sind oder die Aufsicht über das Familienfideikommiß oder die Stiftung führen oder die Stiftung verwalten. — Wegen der Hinterlegung in diesen Sachen vgl. Einleitung S. 32, 33.

b) Nach § 44 d. HO. bleibt Art. 85 d. AG.BGB. unberührt, der folgendes anordnet:

„Für die Hinterlegung von Wertpapieren in den Fällen der §§ 1082, 1392, 1667, 1814, 1818, 2116 des BGB. können durch Anordnung der zuständigen Minister auch die Seehandlung, die Preußische Zentral-Genossenschaftskasse oder eine sonstige Preußische öffentliche Bankanstalt (Landesbank, landschaftliche, ritterschaftliche Darlehnskasse usw.), sowie die von Kreditanstalten der im Art. 17 § 2 Abs. 2 bezeichneten Art eingerichteten Verwahrungs- oder Verwaltungsstellen und im Falle des Bedürfnisses geeignete Preußische Privatbanken als Hinterlegungsstellen bestimmt werden."

Der Justizminister und der Finanzminister haben daraufhin durch die AVf. v. 17. u. 18. 12. 99 (JMBl. S. 805) für die Hinterlegungsfälle, die Art. 85 benennt, folgende Anstalten als Hinterlegungsstellen bestimmt:

1. die Seehandlung in Berlin,
2. die Preußische Zentral-Genossenschaftskasse in Berlin,
3. die Ostpreußische landschaftliche Darlehnskasse in Königsberg,
4. die Westpreußische landschaftliche Darlehnskasse in Danzig,
5. die Kur- und Neumärkische Ritterschaftliche Darlehnskasse in Berlin,

6. die Pommersche landschaftliche Darlehnskasse in Stettin,
7. die Posener landschaftliche Bank in Posen,
8. die Schlesische landschaftliche Bank in Breslau,
9. die städtische Bank in Breslau,
10. die Kommunalständische Bank für die Preußische Oberlausitz in Görlitz,
11. die Landschaftliche Bank der Provinz Sachsen in Halle a. S.,
12. die Nassauische Landesbank in Wiesbaden,
13. die Landeskreditkasse in Kassel,
14. die Landesbank der Rheinprovinz in Düsseldorf,
15. die Spar- und Leihkasse für die Hohenzollernschen Lande in Sigmaringen,
16. die Frankfurter Bank in Frankfurt a. M.

Die Zuständigkeit dieser Anstalten bleibt auch nach der neuen HO. bestehen.

α. Diese Hinterlegungsstellen sind keine staatlichen Organe. Art. 85 ist vielmehr dahin aufzufassen, daß den zur Hinterlegung Berechtigten und Verpflichteten in den dort bezeichneten Fällen die Befugnis gegeben wird, nicht beim Staate, sondern bei einer anderen juristischen Person die Hinterlegung vorzunehmen. So entstehen denn zwischen diesen Hinterlegungsstellen und den Beteiligten nur privatrechtliche Beziehungen (Einleitung S. 45, 46). Auch unterliegt das Verhältnis zwischen ihnen nicht der HO. (§ 44 Abs. 2) und den AV. (§ 1 Abs. 2), regelt sich vielmehr nach den getroffenen Vereinbarungen, insbesondere etwaigen Geschäftsbedingungen der Anstalten.

β. Bei jenen Anstalten können nur Wertpapiere (vgl. § 1 Anm. 3), nicht auch Geld, sonstige Urkunden und Kostbarkeiten hinterlegt werden.

γ. Die in Art. 85 vorgesehenen Sonderfälle (Hinterlegung durch Nießbraucher und Eigentümer, Ehemann, elterlichen Gewalthaber, Vormund, Vorerben) können seine Anwendung auf ähnliche Tatbestände nicht rechtfertigen. So bestimmt sich die für die Hinterlegung in Familienfideikommißangelegenheiten zuständige Stelle ausschließlich nach § 2 b. AV. (Anm. 3a), wenngleich der Fideikommißbesitzer eine dem Nießbraucher ähnliche Stellung hat.

δ. Die genannten Anstalten treten neben die Amtsgerichte. Der Hinterleger hat die Wahl (AV. § 1 Abs. 1).

4. Die Hinterlegungskassen zu bestimmen ist in § 47 Abs. 2 den AV. überlassen.

a) Hinterlegungskasse für das Amtsgericht ist die Gerichtskasse (AV. § 4 Abs. 3). Indessen kann die Hinterlegungsstelle die Ablieferung der hinterlegten Wertpapiere (vgl. § 1 Anm. 3) und Kostbarkeiten an die Justizhauptkasse oder eine an ihrer Stelle vom Oberlandesgerichtspräsidenten bestimmte andere Kasse unter gewissen Voraussetzungen anordnen. Es ist dann diese Kasse Hinterlegungskasse. Und zwar ist solche Ablieferung vorgesehen, teils, um die Erfüllung der nach § 10 d. HO. und § 48 d. AV. dem Staat in bezug auf die hinterlegten Wertpapiere obliegenden Pflichten gewährleisten zu können (AV. § 5 Abs. 1, 2), teils, um Wertpapiere und Kostbarkeiten stets völlig sicheren Kassen zuzuführen (AV. § 5 Abs. 1). — Diese Ablieferung der hinterlegten Wertpapiere und Kostbarkeiten von einer Hinterlegungskasse an die andere ist im wesentlichen eine Maßnahme des inneren Geschäftsbetriebes, von der die Beteiligten freilich bei der Einlieferung und Rückgabe berührt werden (vgl. AV. §§ 11 Abs. 2, 12 Abs. 2, 14; HO. § 24). Nicht zu verwechseln ist sie mit der Abgabe der Hinterlegung selbst von einer Hinterlegungsstelle an die andere (§ 12).

b) Den in § 2 d. AV. bezeichneten besonderen Hinterlegungsstellen (Anm. 3a) sind andere Hinterlegungskassen zugeordnet. In Lehns- und Familienfideikommißsachen ist die Seehandlung (Preußische Staatsbank) Hinterlegungskasse (AV. § 4 Abs. 1). Im Gegensatz zu den in Anm. 3b behandelten Hinterlegungsfällen ist sie hier aber nicht Hinterlegungsstelle. Sie ist insofern Organ des Gerichts, tritt aber gleichzeitig auch in privatrechtliche Beziehungen zu dem Hinterleger und den sonstigen Beteiligten. Als selbständiges Rechtssubjekt unterliegt sie den Vorschriften der AV. über die Hinterlegungskassen nicht (AV. § 4 Abs. 1).

Auch für die Hinterlegung in Stiftungssachen kann der Oberlandesgerichtspräsident die Seehandlung als Hinterlegungskasse bestimmen (AV. § 4 Abs. 2). Soweit er das nicht tut, ist für die Oberlandesgerichte die Justizhauptkasse, für die Landgerichte die Gerichtskasse, die die Kassengeschäfte des Landgerichts wahrnimmt, Hinterlegungskasse (AV. § 4 Abs. 3). Die in Anm. 4a behandelte Ablieferung von Wertpapieren und Kostbarkeiten kommt nur in diesem letzteren Falle in Frage.

5. Vorschriften über die örtliche Zuständigkeit der Hinterlegungsstellen enthält die HO. nicht. Abgesehen davon, daß § 2 d. AV. (oben Anm. 3a) für die dort genannten besonderen Sachen außer der sachlichen auch eine örtliche Begrenzung enthält, ist also jedes Amtsgericht für jede Hinterlegung zuständig (Begr. S. 17). Einem Mißbrauch dieser Befugnis beugt § 12 vor, der der annehmenden Hinterlegungsstelle die Überleitung an diejenige Hinterlegungsstelle ermöglicht, bei der die Hinterlegung zweckmäßigerweise hätte erfolgen müssen.

Unberührt bleiben indessen die Vorschriften des materiellen Hinterlegungsrechts (oben Einleitung II), insoweit sie die Hinterlegung bei einer bestimmten Stelle vorschreiben. Sie berechtigen jede andere Hinterlegungsstelle, die Annahme der ihr zur Hinterlegung angebotenen Gegenstände abzulehnen. Denn die bei einer unzuständigen Stelle erfolgte Hinterlegung würde für das Verhältnis zwischen den Beteiligten ohne Bedeutung sein. Zu einer solchen unwirksamen Rechtshandlung die Hand zu bieten, sind die staatlichen Organe nicht berufen.

Die für die Hinterlegung zur Schuldbefreiung in § 374 Abs. 1 d. BGB. gegebene Zuständigkeitsvorschrift hat freilich diese Tragweite nicht. Vielmehr kann eine solche Hinterlegung auch bei einer anderen Hinterlegungsstelle als der des Leistungsortes wirksam, wenngleich mit eventueller Schadensersatzpflicht des Schuldners, erfolgen. Sie muß daher auch von jeder ordentlichen Hinterlegungsstelle angenommen werden (vgl. Ber. I S. 14). — Dagegen wird man wohl § 37 Abs. 2 des Enteignungsgesetzes dahin auszulegen haben, daß lediglich das Amtsgericht der belegenen Sache für die Hinterlegung der Entschädigungssumme zuständig ist (Begr. S. 17 unten), obgleich die Amtsgerichte bei dem Fehlen jeder Zuständigkeitsbegrenzung nicht eigentlich für einen Bezirk zur Annahme von Hinterlegungen bestimmt sind (anders die Bezirksregierungen nach § 3 d. a.HO.). — Bei der Hinterlegung nach § 48 d. V., betr. das Verwaltungszwangsverfahren, v. 15. 11. 99 ist das Amtsgericht zuständig, in dessen Bezirk diejenige von mehreren Vollstreckungsbehörden, welche zuerst gepfändet hat, ihren Sitz hat. — Eine Zuständigkeitsnorm enthält auch § 20 d. Reichsschuldbuchgesetzes (entsprechend § 20 d. Staatsschuldbuchgesetzes). Danach sollen die bei Löschung eingetragener Forderungen auszugebenden Schuldverschreibungen bei der Hinterlegungsstelle in Berlin, also jetzt bei dem Amtsgericht Berlin-Mitte, hinterlegt werden.

6. Über den Geschäftsgang bei den Hinterlegungsstellen sind nähere Bestimmungen in den §§ 31—37 d. AV., über den bei den Hinterlegungskassen in den §§ 38—58 daselbst getroffen. Soweit diese nichts Abweichendes bestimmen, finden die Vorschriften der Geschäftsordnungen für die Gerichtsschreibereien und der Kassenordnung auch in Hinterlegungssachen entsprechende Anwendung (AV. § 59).

§ 3. (1) Beschwerden gegen die Entscheidungen der Hinterlegungsstellen werden im Aufsichtsweg erledigt. Ist die Entscheidung von einem Gerichtsschreiber erlassen, so findet dagegen Erinnerung an das Amtsgericht und gegen dessen Entscheidung die Beschwerde im Aufsichtswege statt.

(2) Die Entscheidung steht, soweit das Amtsgericht Berlin-Mitte Hinterlegungsstelle ist, dem Amtsgerichtspräsidenten, soweit ein Landgericht Hinterlegungsstelle ist, dem Oberlandesgerichtspräsidenten und, soweit ein Oberlandesgericht Hinterlegungsstelle ist, dem Justizminister zu.

(3) Soweit die auf Beschwerde ergangenen Entscheidungen eines Landgerichtspräsidenten oder des Präsidenten des Amts-

gerichts Berlin-Mitte die Annahme zur Hinterlegung oder die Herausgabe hinterlegter Sachen betreffen, entscheidet über die weitere Beschwerde der Justizminister.

(4) Sind Verwaltungsbehörden Hinterlegungsstellen, so wird die zur Entscheidung über die Beschwerde zuständige Behörde durch den zuständigen Minister bestimmt.

1. Das Gesetz behandelt die Hinterlegung als Angelegenheit der Justizverwaltung (vgl. wegen dieser zwischen den gesetzgebenden Faktoren zunächst streitigen Frage: Begr. S. 18, Ber. I S. 15ff. und Ber. II S. 19ff.). Die Beschwerden werden daher nicht im Wege der freiwilligen Gerichtsbarkeit, sondern im Aufsichtswege, also auch kostenfrei (§ 40 Anm. 1), erledigt. Zulässig ist die Beschwerde gegen jede Entscheidung der Hinterlegungsstelle. Jeder von der Entscheidung nachteilig Betroffene ist zur Beschwerde berechtigt. Diese ist regelmäßig an keine Frist gebunden (Ausnahme § 19 Abs. 2). — Wegen des Rechtswegs vgl. Einleitung S. 43 f.

2. Soweit ein Gerichtsschreiber die Geschäfte der Hinterlegungsstelle wahrnimmt (§ 2 Anm. 2b), findet gegen seine Entscheidung — entsprechend dem § 104 Abs. 3 d. ZPO. — zunächst Erinnerung statt. Damit nicht ein Gerichtsschreiber mit der Nachprüfung der Verfügungen eines anderen Gerichtsschreibers betraut werden kann, bestimmt § 2 Abs. 1 Satz 3, daß über Erinnerungen stets der Richter entscheiden soll.

3. Die Entscheidungen über die Annahme zur Hinterlegung und über die Herausgabe hinterlegter Sachen bedürfen besonderer Beschleunigung. Von den drei Beschwerdeinstanzen — Landgerichtspräsident (für Berlin-Mitte Amtsgerichtspräsident), Oberlandesgerichtspräsident, Justizminister — ist deshalb für jene Entscheidungen eine Instanz ausgeschaltet. Die weitere Beschwerde geht statt an den Oberlandesgerichtspräsidenten sofort an den Justizminister.

4. Abs. 4 ist zurzeit gegenstandslos, da auch auf Grund von § 2 Abs. 2 nur Gerichte als Hinterlegungsstellen bestimmt sind (§ 2 Anm. 3a).

Zweiter Abschnitt.

Annahme.

§ 4. (1) Die Annahme zur Hinterlegung erfolgt auf Verfügung der Hinterlegungsstelle:

1. auf Antrag des Hinterlegers, sofern die Tatsachen angegeben werden, welche die Hinterlegung rechtfertigen, oder sofern nachgewiesen wird, daß der Hinterleger durch Entscheidung oder Anordnung der zuständigen Behörde zur Hinterlegung für berechtigt oder verpflichtet erklärt ist;
2. auf Ersuchen der für die Angelegenheit zuständigen Behörde.

(2) Die Annahme zur Hinterlegung kann auch erfolgen, wenn eine Behörde, die zugleich Hinterlegungsstelle ist, Geld, Kostbarkeiten oder Papiere, auf welche die Zahlung dem Inhaber geleistet werden kann, von Amts wegen in ihren Gewahrsam zu nehmen hat.

1. Über die Anträge und Ersuchen auf Annahme zur Hinterlegung entscheidet die Hinterlegungsstelle unter Ausschluß des Rechtsweges (Einleitung S. 43 f.).

2. Die Hinterlegung soll nur erfolgen, wenn ein Hinterlegungsgrund des materiellen Rechts (Einleitung Abschn. II) gegeben ist. Jedoch schränkt die HO. das Prüfungsrecht und die Prüfungspflicht der Hinterlegungsstelle in diesem Punkte erheblich ein. Die Begründung (S. 18) bemerkt dazu: „Durch die Fassung ist zum Ausdruck gebracht, daß das objektive Bestehen des Grundes der Hinterlegungsstelle nicht nachgewiesen zu werden braucht. Sie hat sich vielmehr gegenüber einem Gesuch damit zu begnügen, daß darin Tatsachen behauptet sind, welche unter der Voraussetzung ihrer Richtigkeit die Annahme eines Hinterlegungsgrundes rechtfertigen. Das Nichtvorhandensein von Umständen, die aus-

nahmsweise den nach den behaupteten Tatsachen vorhandenen Hinterlegungsgrund ausschließen, wie z. B. der Tatsache, daß die auf Grund des § 1814 d. BGB. hinterlegten Wertpapiere nicht zu den verbrauchbaren Sachen gehören, braucht dabei nicht behauptet zu werden. Es ist nicht zu besorgen, daß diese zur Erleichterung des Verkehrs getroffene, der bisherigen Praxis entsprechende Regelung zu einem Mißbrauch der Hinterlegung führt, da regelmäßig niemand ohne Grund Sachen hinterlegen wird. Die Regelung schließt auch eine Ablehnung der Annahme in solchen Fällen nicht aus, in denen der Hinterlegungsstelle bekannt ist, daß die behaupteten Tatsachen unrichtig sind und daß kein Hinterlegungsgrund vorliegt."

3. Der Antrag kann durch einen Vertreter des Hinterlegers gestellt werden. Eine schriftliche Vollmacht ist nicht erforderlich. Nach dem Grundsatze, daß nur die die Hinterlegung rechtfertigenden Tatsachen anzugeben sind, genügt es, daß der Vertreter sich als solcher bezeichnet.

4. Liegt die Entscheidung oder die Anordnung (Abs. 1 Nr. 1) oder das Ersuchen (Abs. 1 Nr. 2) einer zuständigen Behörde vor, so darf die Hinterlegungsstelle demgegenüber nicht geltend machen, daß es an einem Hinterlegungsgrunde fehle. Sie ist insoweit an die Entscheidung usw. der Behörde gebunden (Begr. S. 18, 19). Die Hinterlegungsstelle hat lediglich zu prüfen, ob die zur Hinterlegung zu bringenden Sachen nach § 1 zur Hinterlegung geeignet sind und ob die Entscheidung, die Anordnung oder das Ersuchen von einer *zuständigen* Behörde ausgeht (Begr. S. 19; anders § 17 für die Herausgabe).

5. Eine Hinterlegung auf Ersuchen einer zuständigen Behörde liegt z. B. dann vor, wenn der Bieter in der Zwangsversteigerung Sicherheit leisten muß (ZVG. §§ 67 ff.). Die in § 69 Abs. 2 d. ZVG. vorgesehene Übergabe an das Gericht ist noch nicht die Hinterlegung, wenngleich sie für das Verhältnis zwischen den Beteiligten die gleichen Wirkungen hat. Das Amtsgericht als Versteigerungsgericht hat vielmehr erst die Hinterlegung des ihm übergebenen Betrages durch Ersuchen des Amtsgerichts als Hinterlegungsstelle herbeizuführen.

6. Die AV. §§ 6 ff. regeln das Verfahren bei der Annahme im einzelnen, insbesondere den Annahmeantrag (§§ 6—10), die Annahmeverfügung (§§ 11, 12) und die Einlieferung (§§ 13—15).

a) Der Antrag ist schriftlich in zwei Stücken zu stellen (AV. § 6 Abs. 1). Den Inhalt des Antrages bestimmen die §§ 7, 8, die ihm beizufügenden Nachweise die §§ 9, 10 d. AV. Von praktischer Bedeutung ist, daß bei weiteren Hinterlegungen in derselben Angelegenheit, d. h. aus demselben konkreten Hinterlegungsgrunde durch denselben Hinterleger, ein neuer Antrag nicht erfordert wird. Es genügt dann die Bezugnahme auf den ersten Antrag und seine Anlagen (AV. §§ 7 Abs. 3, 10). So braucht z. B. der Mieter, der die gepfändeten Mieten auf Grund von § 853 d. ZPO. hinterlegt, nur bei dem ersten Fälligkeitstermin einen formellen Hinterlegungsantrag zu stellen, auf den er späterhin verweisen kann. — Für die geschäftliche Behandlung gilt als eine Angelegenheit übrigens auch die Hinterlegung von Mietzinsen eines Grundstücks (AV. § 36 Abs. 1; vgl. auch Abs. 4).

b) Die Annahmeverfügung ergeht an die Hinterlegungskasse, und zwar, wenn die Voraussetzungen für eine Ablieferung von Wertpapieren und Kostbarkeiten (AV. § 5, oben § 2 Anm. 4a) bereits bei ihrem Erlasse vorliegen, an die Hinterlegungskasse, an die jene abzuliefern sind. Der Antragsteller wird von dem Erlaß der Annahmeverfügung benachrichtigt. Zugleich wird ihm eine Frist zur Einlieferung gesetzt, auch die Kasse bezeichnet, an die die Annahmeverfügung ergeht und bei der deshalb einzuliefern ist (AV. § 12). — Der Antragsteller ist freilich auch im Fall demnächstiger Ablieferung nach § 5 der AV. berechtigt, bei der Gerichtskasse der Hinterlegungsstelle einzuliefern, die die Annahme nicht ablehnen darf. Für die Ablieferung hat dann die Gerichtskasse zu sorgen (AV. §§ 12 Abs. 2, 14).

c) Die Einlieferung erfolgt durch unmittelbare Übergabe oder durch Übersendung durch die Post (AV. § 13 Abs. 1; wegen des Giro- und Postscheckverkehrs vgl. daselbst Abs. 2, wegen der Einlieferung von Kostbarkeiten Abs. 3). Der Hinterleger erhält von der Hinterlegungskasse, an die die Annahmeverfügung ergangen ist, einen Hinterlegungsschein (AV. § 42).

d) Die Einlieferung kann auch vor Erlaß der Annahmeverfügung erfolgen. Die Annahme ist jedoch dann sofort zu beantragen (AV. § 15).

7. Da die Hinterlegungsstelle über die Annahme zur Hinterlegung entscheidet, so ist die Hinterlegung erst vollendet, wenn diese Entscheidung vorliegt, d. h. die Annahmeverfügung erlassen ist, und wenn ferner der zu hinterlegende Gegenstand bei der Hinterlegungskasse eingegangen ist. Unerheblich ist, ob die Annahmeverfügung der Einlieferung vorhergeht oder ob die Reihenfolge umgekehrt ist (Anm. 6d). Eine Hinterlegung im Rechtssinn ist jedenfalls erst dann erfolgt, wenn beide Voraussetzungen vorliegen (Ber. I S. 32 oben; AV. § 24 Abs. 1). — Eine Zurückverlegung der Hinterlegung auf einen früheren Zeitpunkt im Verhältnis der Beteiligten zueinander wird durch diesen Grundsatz nicht ausgeschlossen. Eine solche findet sich in § 375 d. BGB. Danach gilt die Hinterlegung als mit der Aufgabe zur Post bewirkt. Das Verhältnis zu der Hinterlegungsstelle wird dadurch aber nicht berührt. Insbesondere ist für den Beginn der Verzinsung hinterlegten Geldes nicht schon seine Einzahlung bei der Post entscheidend.

8. Abs. 2 behandelt die Hinterlegung von Amts wegen. Diese Vorschrift „ermöglicht der Hinterlegungsstelle Sachen, deren sorgfältige Verwahrung von besonderer Wichtigkeit ist, und die sie von Amts wegen, sei es aus eigenem Antriebe, sei es auf Ersuchen einer anderen Behörde, in ihren Gewahrsam zu nehmen hat, zur Hinterlegung zu bringen, ohne daß ein förmlicher Hinterlegungsgrund vorliegt" (Begr. S. 19). Von praktischer Bedeutung ist sie für die in Strafsachen sicherzustellenden Gegenstände, für Fundsachen, schließlich auch bei Nichtausführbarkeit der Ausgabeverfügung (AV. § 28 Abs. 4). Das Nähere bestimmt § 17 d. AV.

a) Papiere, auf welche die Zahlung dem Inhaber geleistet werden kann, sind außer den Schuldverschreibungen auf den Inhaber (BGB. § 793) auch die Karten, Marken usw. des § 807

d. BGB. und die Legitimationspapiere des § 808 daselbst, insbesondere Sparkassenbücher. Die Inhaberpapiere, die andere Rechte als Forderungsrechte verkörpern, z. B. Inhaberaktien, werden gleichfalls hierher zu rechnen sein, da auf das Wort „Zahlung" kein entscheidendes Gewicht zu legen sein wird. Auch auf Orderpapiere, die mit Blankoindossament versehen sind, kann jedem Inhaber geleistet werden, so daß sie ebenfalls zu den in § 4 Abs. 2 genannten Papieren gehören.

b) Das Ersuchen der in § 17 Abs. 1 d. AV. bezeichneten Behörden geht nicht auf Annahme zur Hinterlegung, sondern auf Annahme in Verwahrung, ist also kein Ersuchen im Sinne von § 4 Abs. 1 Nr. 2. Erst § 17 Abs. 2 d. AV. verpflichtet das Amtsgericht, von der ihm durch § 4 Abs. 2 gegebenen Möglichkeit Gebrauch zu machen und in diesem Falle den Gewahrsam in eine Hinterlegung umzuwandeln. Die Hinterlegung setzt hier also eine Anordnung der Behörde voraus, die selbst Hinterlegungsstelle ist (§ 31 Abs. 2 Nr. 1).

c) Auf die Möglichkeit, Geld als Kostbarkeit zu behandeln und damit individuell aufbewahren zu lassen (oben § 1 Anm. 5), weist § 17 Abs. 3 d. AV. noch besonders hin.

§ 5. Die Gerichtsvollzieher sind zuständig, die Aufgabe der zu hinterlegenden Gegenstände zur Post zu beurkunden.

1. Der Zeitpunkt der Aufgabe der zu hinterlegenden Gegenstände zur Post ist nach § 375 d. BGB. für das Verhältnis der Beteiligten zueinander von Bedeutung (§ 4 Anm. 7). Er kann deshalb durch die Gerichtsvollzieher urkundlich festgelegt werden.

2. Den Inhalt der von dem Gerichtsvollzieher aufzunehmenden Urkunde bestimmt § 16 d. AV. — Vgl. dazu Geschäftsanweisung für die Gerichtsvollzieher § 107.

3. Die Gebühr des Gerichtsvollziehers beträgt 80 ₰ (Art. 22 d. G. v. 21. 3. 10, GS. 261). Die Beurkundung erfolgt stempelfrei (§ 43).

Dritter Abschnitt.

Verwahrung.

§ 6. Das hinterlegte Geld geht in das Eigentum des Staates über. Die Staatskasse haftet dem zum Empfange Berechtigten für das Kapital nebst Zinsen.

1. § 6 bezieht sich — ebenso wie § 7 — nur auf Geld, das in Zahlungsmitteln hinterlegt wird, die bei den Staatskassen in Zahlung anzunehmen sind (§ 8). Zu diesem sog. kassenmäßigen Gelde (Kassenordnung für die Justizbehörden v. 28. 3. 07, JMBl. 125, § 47) gehören:

a) die Reichsmünzen, und zwar die Gold- und Silbermünzen unbeschränkt (Münzgesetz §§ 1, 9 Abs. 2), während die Staatskassen nicht verpflichtet sind, Nickel- und Kupfermünzen im Betrage von mehr als 1 ℳ anzunehmen (Münzgesetz § 9 Abs. 2);

b) die Reichskassenscheine (G., betr. die Ausgabe von Reichskassenscheinen, v. 30. 4. 74 § 5 Abs. 1);

c) die Noten der Reichsbank (G., betr. Änderung des Bankgesetzes, v. 1. 6. 09 Art. 3).

Als kassenmäßiges Geld behandelt werden auch die bereits einlösbaren Zinsscheine der Reichsschuld und der preußischen Staatsschuld (Allg. Vf. v. 11. 3. 08, JMBl. 173) und der Rentenbriefe (G. über die Errichtung von Rentenbanken v. 2. 3. 50, GS. 112, § 35).

Unerheblich ist es, daß auf Grund von Verwaltungsanordnungen Eisenbahn- und Zollkassen in gewissem Umfange ausländisches Geld in Zahlung nehmen. Diese Vorschriften berühren die Kassen der Justizbehörden, die allein für die Hinterlegung in Betracht kommen, nicht. Sie sind daher auch für die Auslegung der §§ 6—8 ohne Bedeutung.

2. Wegen der rechtlichen Natur der in § 6 festgesetzten Haftung des Staates vgl. Einleitung S. 40 f.

3. Der zum Empfang Berechtigte bestimmt sich nach dem materiellen Hinterlegungsrecht. Der unter den Beteiligten Be-

rechtigte ist es auch gegenüber der Staatskasse (Einleitung S. 16; § 14 Anm. 2).

4. § 6 Satz 1 kann dadurch außer Anwendung gesetzt werden, daß das Geld als Kostbarkeit hinterlegt wird (§ 1 Anm. 5).

5. Für hinterlegtes Geld sind auf Antrag Wertpapiere anzuschaffen, wenn die Beteiligten dem zustimmen (AV. §§ 20, 48 Abs. 1 Nr. 3). Unter der gleichen Voraussetzung sind hinterlegte Wertpapiere zu verkaufen.

§ 7. (1) Der Satz, zu dem hinterlegtes Geld zu verzinsen ist, wird durch Königliche Verordnung bestimmt.

(2) Beträge unter 100 Mark werden nicht verzinst, höhere Beträge nur insoweit, als der jeweilige Betrag mit 10 teilbar ist. Der sich ergebende Rest bleibt unverzinst. Die Verzinsung findet nur statt, wenn die Hinterlegung mindestens drei Monate gewährt hat. Die für kürzere Fristen hinterlegten Gelder bleiben unverzinst.

(3) Die Zinsen werden nach Jahren und Kalendermonaten berechnet. Ihr Lauf beginnt für alle innerhalb eines Monats zur Hinterlegung gelangten Beträge mit dem ersten Tage des folgenden Monats und hört mit dem Ablaufe des Monats auf, der dem Tage der Zahlungsanweisung vorhergeht.

(4) Eine Verzinsung der Zinsen findet nicht statt.

1. § 7 gilt nur für kassenmäßiges Geld (§ 8; § 6 Anm. 1).

2. Der Zinssatz beträgt nach der Kgl. V. v. 2. Februar 1914 (GS. S. 9) 2½%.

3. Wegen des Zeitpunktes, in dem die Hinterlegung bewirkt ist und die deshalb für die Zinsfristen maßgebend ist, vgl. § 4 Anm. 7 (AV. § 24 Abs. 1).

4. Die Zinsen werden nur nach ganzen Monaten und nach Beträgen, die durch 10 teilbar sind, berechnet. Wegen der Ausführung dieser Berechnung durch die Hinterlegungskassen vgl. § 44 d. AV.

5. Die Verzinsung setzt voraus, daß die Hinterlegung mindestens drei Monate (Berechnung nach §§ 188, 187 Abs. 1 d. BGB.) gedauert und daß die hinterlegte Summe während dieser ganzen Zeit mindestens 100 ℳ betragen hat. Sind diese Bedingungen erfüllt, so beginnt die Verzinsung aber nicht etwa erst mit dem Ablauf der drei Monate. Die Zinsen werden vielmehr schon von dem ersten Tage des dem Hinterlegungsmonate folgenden Monate an berechnet.

6. Mehrere Hinterlegungen in derselben Angelegenheit (§ 4 Anm. 6a) gelten für die Verzinsung als eine einzige.

a) Wenn zu einer bereits länger als drei Monate hinterlegten Masse weiter hinterlegt wird, kommt dieser frühere Ablauf der Frist auch dem neu hinterlegten Betrage zugute. Für ihn braucht die Frist nicht nochmals abgewartet zu werden (AV. § 24 Abs. 2).

b) Auch für die Berechnung des Grundbetrages von 100 ℳ ist nicht die einzelne Einzahlung entscheidend. Es kommt auf die gesamte Masse an, so daß in derselben Angelegenheit nacheinander eingezahlte Beträge zusammengerechnet werden (AV. § 24 Abs. 2). Voraussetzung für solche Zusammenrechnung ist freilich, daß auch der letzte, die 100 ℳ erreichende Teilbetrag mindestens drei Monate hinterlegt gewesen ist. Die Verzinsung des Gesamtbetrages beginnt mit dem Ersten des der Hinterlegung des letzten Betrages folgenden Monats.

7. Die Verzinsung endet mit dem Aufhören der Hinterlegung. Jedoch ist nicht die tatsächliche Abhebung des Geldes, sondern die Zahlungsanweisung maßgebend. Für den Monat, in dem die Ausgabeverfügung ergeht, sind Zinsen nicht mehr zu vergüten. — Die Verzinsung hört, da Beträge unter 100 ℳ nicht verzinst werden, dann auf, wenn nach Abzug des zur Auszahlung angewiesenen Betrages die hinterlegte Summe nicht mehr 100 ℳ beträgt. — Wegen Einstellung der Verzinsung nach Ablauf von zehn Jahren vgl. §§ 25 ff.

8. Zinsen zahlt der Staat auch dann, wenn es in Wirklichkeit an einem Hinterlegungsgrunde gefehlt hat (AV. § 24 Abs. 3).

9. Abs. 4 bezieht sich nur auf die vom Staate zu zahlenden Zinsen, nicht aber auf die durch Einlösung von Zinsscheinen hinterlegter Wertpapiere zur Hinterlegung gelangenden Beträge.

§ 8. (1) Die Vorschriften der §§ 6 und 7 greifen nicht Platz, wenn Geld in Zahlungsmitteln hinterlegt wird, die bei den Staatskassen nicht in Zahlung anzunehmen sind.

(2) Derartiges Geld kann in kassenmäßiges umgesetzt werden. Auf den erzielten Reinerlös finden die Vorschriften der §§ 6 und 7 entsprechende Anwendung.

1. Geld, das in Zahlungsmitteln hinterlegt wird, die bei den Staatskassen nicht in Zahlung anzunehmen sind (§ 6 Anm. 1), also insbesondere ausländisches Geld, geht nicht in das Eigentum des Staates über und ist nicht zu verzinsen. Es ist, wenngleich das im Gesetz nicht ausdrücklich ausgesprochen ist, unverändert aufzubewahren.

2. Solches Geld kann jedoch in kassenmäßiges umgesetzt werden. Der Erlös ist dann nach den §§ 6, 7 zu behandeln, wird also Eigentum des Staates, der auf Rückzahlung haftet. Die Umsetzung soll nach § 18 d. AV. nur erfolgen:

a) auf Antrag eines Beteiligten im Einverständnis mit den übrigen Beteiligten (Beteiligter: § 14 Anm. 4);

b) wenn das Geld zur Befreiung des Schuldners von seiner auf Zahlung nicht kassenmäßigen Geldes gerichteten Verbindlichkeit hinterlegt ist (BGB. § 372; vgl. auch § 244). Die Vorschrift entspricht dem § 11 Abs. 2 der a. HO., geht jedoch insofern weiter, als sie auch den Fall berücksichtigt, daß ein Dritter für den Schuldner hinterlegt hat (Einleitung S. 17).

3. Die Umsetzung kann dadurch ausgeschlossen werden, daß das nicht kassenmäßige Geld als Kostbarkeit hinterlegt wird (§ 1 Anm. 5).

§ 9. (1) Wertpapiere, sonstige Urkunden und Kostbarkeiten werden unverändert aufbewahrt.

(2) Die Hinterlegungsstelle ist berechtigt, Kostbarkeiten auf Kosten des Hinterlegers durch einen Sachverständigen abschätzen oder zur Feststellung ihrer Beschaffenheit besichtigen zu lassen.

1. Wertpapiere auf den Inhaber und solche Papiere, auf welche die Zahlung dem Inhaber geleistet werden kann (§ 4 Anm. 8a), werden von der Hinterlegungskasse verwahrt, und zwar nach Anleitung des § 46 d. AV. Die Verwahrung anderer Urkunden soll dagegen regelmäßig dem Gerichtsschreiber des Amtsgerichts übertragen werden (AV. § 23; Geschäftsordnung für die Gerichtsschreibereien der Amtsgerichte 11. Abschn.).

2. Wegen des Verkaufs hinterlegter Wertpapiere vgl. § 6 Anm. 5.

3. Die Abschätzung von Kostbarkeiten oder ihre Besichtigung durch einen Sachverständigen ist nur aus besonderen Gründen und nur, sofern nicht unverhältnismäßig hohe Kosten entstehen, anzuordnen (AV. §§ 19, 47).

§ 10. (1) Der Staat hat die Auslosung und die Kündigung der Wertpapiere insoweit zu überwachen, als solche in den Verlosungstabellen veröffentlicht wird, die nach den Geschäftsbedingungen der Seehandlung maßgebend sind. Für die Richtigkeit und Vollständigkeit der Tabellen haftet der Staat nicht.

(2) Sind Wertpapiere einer Gattung hinterlegt, in der Mündelgeld angelegt werden darf, so hat der Staat auf Antrag eines Berechtigten oder auf Ersuchen einer zuständigen Behörde:

1. für die Einlösung oder den Umtausch ausgeloster oder gekündigter Papiere,
2. für die Einlösung fälliger Zins- und Rentenscheine,
3. für die Beschaffung von neuen Zins- und Rentenscheinen und von Erneuerungsscheinen

zu sorgen. Diese Geschäfte sind von Amts wegen zu besorgen, wenn andernfalls durch den Ablauf der Vorlegungsfrist oder den Eintritt der Verjährung Nachteile entstehen würden oder wenn ein Antragsberechtigter nicht bekannt ist.

(3) Die in Abs. 1 und 2 bezeichneten Verpflichtungen bestehen nicht für die ersten drei Monate seit der Annahme der Papiere.

(4) Die zuständigen Minister können anordnen, daß der Staat die in Abs. 1 und 2 genannten Geschäfte in erweitertem Umfang und daß er noch andere Geschäfte zu besorgen hat, die Banken hinsichtlich der bei ihnen aufbewahrten Gelder und Wertpapiere zu übernehmen pflegen.

1. Wegen des Begriffs der Wertpapiere vgl. § 1 Anm. 3.

2. Nach den Geschäftsbedingungen der Seehandlung ist zurzeit maßgebend die Allgemeine Verlosungstabelle, nach Vereinbarung der Reichsbank, der Seehandlung und des Zentralverbandes des Deutschen Bank- und Bankiergewerbes zusammengestellt von Ulrich Levisohn, Berlin W 10, Stülerstraße 14.

3. „Berechtigter" im Sinne von Abs. 2 ist jeder Beteiligte (§ 14 Anm. 4). Bei dem Vorhandensein mehrerer Beteiligter ist jeder von ihnen berechtigt, die Besorgung der in Abs. 2 bezeichneten und der weiter noch nach Abs. 4 vom Staate übernommenen Geschäfte zu beantragen. Denn durch ihre Vornahme wird in das materielle Rechtsverhältnis nicht eingegriffen. Vielmehr werden nur sämtliche Beteiligte vor Nachteilen bewahrt, die die Unterlassung jener Geschäfte im Gefolge haben könnte.

4. Die Geschäfte des § 10 besorgt die Hinterlegungskasse, und zwar nach Maßgabe der §§ 48—52 d. AV. § 48 das. erweitert den § 10 auf Grund von Abs. 4 in verschiedenen Richtungen.

a) Die Geschäfte, die Abs. 2 nur für mündelsichere Papiere vorsieht, sind auch bei sonstigen Wertpapieren zu besorgen (AV. § 48 Abs. 1 Nr. 1 u. 4).

b) Die für Zins- und Rentenscheine in Abs. 2 Nr. 2 u. 3 gegebenen Vorschriften sind auf Gewinnanteilscheine ausgedehnt (AV. § 48 Abs. 1 Nr. 2).

c) Nach Maßgabe von § 20 d. AV. (§ 6 Anm. 5) sind Wertpapiere anzuschaffen und zu veräußern (AV. § 48 Abs. 1 Nr. 3).

d) Interimsscheine sind in endgültige Stücke umzutauschen (AV. § 48 Abs. 1 Nr. 5).

e) In hinterlegten Sparkassenbüchern ist die Zuschreibung der Zinsen zwecks Unterbrechung der Verjährung zu veranlassen (AV. § 48 Abs. 9).

f) Von der Zeitgrenze des Abs. 3 ist im wesentlichen abgesehen (§ 48 Abs. 7).

g) Die Erledigung der dem Staat über den § 10 hinaus auferlegten Geschäfte kann die Hinterlegungsstelle ablehnen, wenn besondere Bedenken entgegenstehen (AV. § 48 Abs. 5).

5. Werden die nach Abs. 1 u. 2 durch das Gesetz oder die nach Abs. 4 durch die AV. dem Staate auferlegten Pflichten, die nicht als vertragsmäßige anzusehen sind, schuldhafterweise verletzt, so haftet der Staat nach dem gemäß § 45 unberührt gebliebenen G. v. 1. 8. 09 (GS. S. 691), der schuldige Beamte nach § 839 d. BGB. (Begr. S. 20).

§ 11. Ist zur Befreiung eines Schuldners von seiner Verbindlichkeit hinterlegt, so kann die Hinterlegungsstelle den Schuldner unter Bezugnahme auf die Vorschrift des § 382 des Bürgerlichen Gesetzbuchs zu dem Nachweis auffordern, daß und wann der Gläubiger die im § 374 Abs. 2 des Bürgerlichen Gesetzbuchs vorgeschriebene Anzeige von der Hinterlegung empfangen hat. Wird der Nachweis nicht vor dem Ablaufe von drei Monaten nach der Aufforderung geführt, so ist die Hinterlegungsstelle ermächtigt, dem Gläubiger die Anzeige im Namen und auf Kosten des Schuldners zu machen; die Aufforderung muß einen Hinweis auf diese Rechtsfolge enthalten.

1. Die Hinterlegung zur Schuldbefreiung (BGB. § 372) hat der Schuldner dem Gläubiger unverzüglich anzuzeigen (BGB. § 374 Abs. 2 Satz 1). Die Anzeige kann unterbleiben, wenn sie untunlich ist (a. a. O. Satz 2), was z. B. der Fall sein wird, wenn wegen Ungewißheit über die Person des Gläubigers hinterlegt ist. Mit Ablauf von 30 Jahren nach dem Empfange der Anzeige erlischt das Recht des Gläubigers auf den hinterlegten Betrag, wenn er sich nicht vorher bei der Hinterlegungsstelle meldet. Der Schuldner ist dann zur Rücknahme berechtigt, auch wenn er auf dieses Recht verzichtet hat (BGB. § 382). — Diese Anzeige von der Hinterlegung ist nicht bloß von Bedeutung für das Verhältnis zwischen den Beteiligten, sondern auch für das zwischen ihnen und der Hinterlegungsstelle. Denn nach Art. 145 d. EG.BGB. (Einleitung S. 37 f.) muß dem Hinterleger die Rücknahme des hinterlegten Betrages noch mindestens während eines Jahres, nachdem das Recht des Gläubigers gemäß § 382 d. BGB. erloschen ist, gestattet werden. Dementsprechend bestimmt § 28 Abs. 1, 2 Nr. 1, daß das Aufgebotsverfahren zum Zweck der Ausschließung der Beteiligten mit ihren Ansprüchen nicht vor dem Ablauf von 31 Jahren seit dem Ende des Monats der Anzeige erfolgen kann (§ 28 Anm. 1 und 3). Damit wird die 30jährige Frist des § 382 d. BGB. und die weitere einjährige Frist des Art. 145 d. EG.BGB. gewahrt.

2. Da die Unterlassung der Anzeige die Hinterlegung nicht unwirksam macht, sondern nur den Schuldner zum Schadensersatz verpflichtet (BGB. § 374 Abs. 1 Satz 1), so kann es vorkommen, daß der Schuldner die Anzeige verabsäumt. Dadurch würde die Zulässigkeit des Aufgebotsverfahrens ins Unbestimmte hinausgerückt werden. Dieser Möglichkeit beugt § 11 vor. Die Hinterlegungsstelle kann den Schuldner auffordern, die erfolgte Anzeige nachzuweisen, und, falls er das nicht tut, statt seiner die Anzeige an den Gläubiger erstatten. Ihre Anzeige steht auf Grund dieser gesetzlichen Ermächtigung der vom Schuldner erstatteten gleich (Mot. zum AG.BGB. S. 178; Stegemann, Materialien S. 116). — Bei Untunlichkeit der Anzeige kann auch die Hinterlegungsstelle

von ihr absehen, ohne daß dadurch der Beginn der Frist für die Zulässigkeit des Aufgebots gehemmt würde (§ 28 Abs. 2 Nr. 2).

3. § 21 b. AV. bestimmt hierzu, daß die Aufforderung an den Schuldner alsbald erfolgen soll, während die Anzeige an den Gläubiger noch ein Jahr unterbleiben kann. Bei voraussichtlich nur kurze Zeit dauernden Hinterlegungen wird die letztere Bestimmung die solchenfalls überflüssige Anzeige ersparen. — Die Aufforderung und die Anzeige sind nach den für das Verwaltungszwangsverfahren geltenden Vorschriften bekanntzumachen (V., betr. das Verwaltungszwangsverfahren, v. 15. 11. 99, GS. S. 545, §§ 9—12).

§ 12. Die Hinterlegungsstelle kann die Hinterlegung aus wichtigen Gründen an eine andere Hinterlegungsstelle abgeben, wenn diese zur Übernahme bereit ist. Einigen die Stellen sich nicht, so entscheidet die gemeinschaftliche Aufsichtsbehörde; ist eine solche nicht vorhanden, so entscheiden die zuständigen Minister.

1. Die Vorschrift soll einem Mißbrauch der unbeschränkten örtlichen Zuständigkeit der Hinterlegungsstellen vorbeugen (§ 2 Anm. 5).

2. Die Beteiligten haben auf die Abgabe keinen Einfluß. Es entscheiden vielmehr lediglich die beiden Hinterlegungsstellen oder die Aufsichtsbehörde. Die Beteiligten haben jedoch das Recht der Beschwerde (§ 3 Abs. 1).

3. Vorgeschrieben ist die Abgabe für den Fall, daß gepfändete Mieten bei einer anderen Hinterlegungsstelle hinterlegt sind als bei der, in deren Bezirk das Mietgrundstück liegt (AV. § 36 Abs. 3).

4. Die erfolgte Abgabe ist den Beteiligten (§ 14 Anm. 4) anzuzeigen (AV. § 22).

5. Von der Abgabe der Hinterlegung an eine andere Hinterlegungs**stelle** ist die Ablieferung hinterlegter Wertpapiere und Kostbarkeiten an eine andere Hinterlegungs**kasse** (§ 2 Anm. 4a) zu unterscheiden.

Vierter Abschnitt.

Herausgabe.

§ 13. Die Herausgabe erfolgt auf Verfügung der Hinterlegungsstelle.

Die Hinterlegungsstelle entscheidet über die Herausgabe unter Ausschluß des Rechtsweges (Einleitung S. 43 f.). Lehnt sie die Herausgabe ab, so ist nur die Beschwerde im Aufsichtswege (§ 3 Abs. 1) zulässig.

§ 14. (1) Die Verfügung ergeht auf Antrag, wenn die Berechtigung des Empfängers nachgewiesen ist. Der Nachweis gilt als geführt:

1. wenn die Herausgabe an den Empfänger durch die Beteiligten schriftlich oder zu Protokoll der Hinterlegungsstelle, eines Gerichts oder eines Gerichtsschreibers bewilligt oder wenn die Empfangsberechtigung in gleicher Weise anerkannt ist;
2. wenn die Berechtigung des Empfängers durch rechtskräftige Entscheidung mit Wirkung gegen die Beteiligten festgestellt ist;
3. wenn die Herausgabe an den Empfänger durch eine zuständige Behörde gegenüber den Beteiligten angeordnet ist.

(2) Aus einem nachher entstandenen Grunde kann auch in diesen Fällen die Berechtigung beanstandet werden.

1. Die Herausgabe setzt einen Antrag voraus. Der Entwurf verlangte ein „Gesuch des Hinterlegers oder des Empfangsberechtigten" (Entw. § 12). Die Herrenhauskommission hat die Bezeichnung des Antragsberechtigten gestrichen, nach den Ausführungen des Berichterstatters (Ber. I S. 37) davon ausgehend, daß das Gesuch eines Beteiligten (unten Anm. 4) genüge.

2. Die nachzuweisende Berechtigung des Empfängers richtet sich nach dem materiellen Recht (Einleitung Abschn. II). Auf seiner Grundlage ist also, vorbehaltlich der Vorschriften in Nr. 1 bis 3, im einzelnen Fall zu prüfen, ob der, an den herauszugeben beantragt ist, den Beteiligten und damit auch der Hinterlegungsstelle gegenüber zur Empfangnahme berechtigt ist.

3. Die HO. macht von der Befugnis des Art. 145 d. EG.BGB. (Einleitung S. 37 f.) Gebrauch, den Nachweis der Empfangsberechtigung unabhängig von dem an sich maßgebenden materiellen Recht zu regeln. Sie bestimmt in Nr. 1—3, daß unter gewissen Voraussetzungen jener Nachweis als geführt anzusehen ist, ohne daß zu untersuchen ist, ob auch dieser formale Nachweis mit dem materiellen Recht übereinstimmt. Die Hinterlegungsstelle hat dann ohne weitere sachliche Prüfung dem Auszahlungsantrage zu entsprechen.

4. Nr. 1—3 sprechen von den „Beteiligten". Beteiligt an der Hinterlegung sind alle die Personen, denen möglicherweise ein Anspruch auf die hinterlegten Gegenstände zusteht.

a) Die Hinterlegungsstelle hat bei der Prüfung der Beteiligung von den Angaben in dem Hinterlegungsantrage und den ihm beigefügten Urkunden (AV. §§ 7—10; oben § 4 Anm. 6a) auszugehen. Sie hat freilich den Gesamtinhalt des Antrages und seiner Anlagen zu berücksichtigen. Wenn das darin dargelegte Rechtsverhältnis auf das Vorhandensein von Beteiligten hinweist, so hat sie sie zu beachten, auch wenn diese Personen — dem § 7 Abs. 2 d. AV. zuwider — nicht im einzelnen mit Namen angegeben sind. So ist z. B. bei der Hinterlegung in Enteignungssachen stets zu prüfen, ob dinglich Berechtigte vorhanden sind, die auf die Entschädigungssumme Ansprüche erheben können, auch wenn der Hinterlegungsantrag solche nicht erwähnt.

b) Regelmäßig beteiligt ist der Hinterleger. Er ist es nur dann nicht, wenn er sich jedes Anspruchs auf die hinterlegte Sache begeben hat, z. B. wenn er bei der Hinterlegung zur Schuldbefreiung auf das Recht zur Rücknahme verzichtet hat (BGB. § 376 Abs. 2 Nr. 1). Erst nach Ablauf der 30jährigen Frist des § 382 (§ 11

Anm. 1) lebt sein Recht wieder auf. Und damit wird er Beteiligter. — Auch der Unternehmer, der im Enteignungsverfahren die Entschädigungssumme hinterlegt hat, ist nicht Beteiligter, es sei denn, daß er im Hinterlegungsantrage als eventuell Berechtigter benannt ist oder die Auszahlung von seiner Zustimmung abhängig gemacht hat.

c) Im übrigen ist nach dem materiellen Recht zu entscheiden, wer möglicherweise einen — sei es persönlichen, sei es dinglichen — Anspruch auf die hinterlegten Sachen hat. Die mehreren möglicherweise Berechtigten können einander ausschließen. Sie können auch zusammen, anteilig oder gesamthänderisch (etwa auf Grund Erbrechts oder ehelichen Güterrechts), beteiligt sein. Als Beteiligte kommen auch diejenigen in Betracht, die an dem Herausgabeanspruche eines zunächst Beteiligten ein Recht erworben haben. Deshalb gehört zu ihnen auch ein Gläubiger, der im Wege des Arrestes die Forderung auf Herausgabe hat pfänden lassen oder zu dessen Gunsten die Herausgabe durch einstweilige Verfügung eines Gerichts untersagt ist (Begr. S. 22). — Die Vertretung des Justizfiskus bei der Zwangsvollstreckung in Ansprüche auf Herausgabe hinterlegter Sachen wird voraussichtlich dahin geregelt werden, daß sowohl der Vorstand des Gerichts, das Hinterlegungsstelle ist, wie der Rendant der Hinterlegungskasse, bei der die hinterlegten Sachen sich befinden, den Justizfiskus als Drittschuldner vertreten.

d) Soweit die Berechtigung an der hinterlegten Summe Ausfluß eines in einem Wertpapier verbrieften Rechts ist, ist dieses der Hinterlegungsstelle vorzulegen (z. B. der Wechsel, wenn die Wechselsumme, der Hypothekenbrief, wenn das Hypothekenkapital hinterlegt ist). Es folgt dies daraus, daß der Inhaber der Urkunde als möglicherweise Berechtigter stets beteiligt ist. So gilt dieser Grundsatz in allen Fällen der Nr. 1—3.

e) Nicht beteiligt sind die gesetzlichen oder gewillkürten Vertreter, da auch im Gebiet des Hinterlegungswesens der Grundsatz der unmittelbaren Stellvertretung gilt. Zu unterscheiden ist hiervon der Fall, daß der Vertreter im eigenen Namen und nur für Rechnung des Vertretenen hinterlegt. Dann handelt er bei der

Hinterlegung nicht als Vertreter, sondern ist selbst Hinterleger und damit Beteiligter. Das Hinterlegungsverhältnis wird von dem Vertretungsverhältnis nicht berührt. Ob freilich jemand in solcher Weise für Rechnung eines Dritten hinterlegen kann und welche Wirkungen das hat, ist nach materiellem Recht zu entscheiden (z. B. Einleitung S. 17).

f) Die Prozeßvollmacht insbesondere ermächtigt zur Empfangnahme der anläßlich eines Prozesses hinterlegten Gegenstände nicht. Es bedarf einer besonderen Vollmacht. So genügt es auch nicht, daß der zur Prozeßführung bevollmächtigte Rechtsanwalt, wenn er im Namen seines Auftraggebers hinterlegt, in dem Annahmeantrag sich selbst als empfangsberechtigt aufführt. Damit wird die spätere Auszahlung an ihn nicht ermöglicht. Anders dagegen, wenn der Annahmeantrag von der Partei selbst ausgeht und sie ihren Anwalt als eventuellen Empfänger benennt. Hierin ist eine Vollmacht für ihn zu sehen. Auch in einem von ihm mit dem Prozeßgegner geschlossenen Vergleich kann der Anwalt sich nicht schon auf Grund seiner Prozeßvollmacht zur Abhebung der hinterlegten Gegenstände ermächtigen. Das kann wiederum nur die Partei.

5. Zu Nr. 1: Wegen Beglaubigung der schriftlichen Erklärungen vgl. § 17. — Nur ein deutsches Gericht oder deutscher Gerichtsschreiber ist gemeint. Erklärungen zu Protokoll anderer inländischer Behörden sind, falls sie nicht als schriftliche anzusehen sind, von der Hinterlegungsstelle auf ihren Beweiswert frei zu prüfen (Begr. S. 22). Bei ausländischen Urkunden kann Legalisation verlangt werden (G. v. 1. 5. 78 § 2). — Die Erklärung kann durch einen Bevollmächtigten abgegeben werden. Handelt es sich um die Rückgabe einer prozessualen Sicherheit, so genügt die Prozeßvollmacht zur Abgabe einer solchen Erklärung, die keine Prozeßhandlung ist, nicht. — Wegen Ersetzung der Erklärung durch den Überweisungsbeschluß vgl. § 836 d. ZPO. — Die Hervorhebung des Anerkenntnisses neben der Bewilligung entspricht dem § 380 d. BGB.

6. Zu Nr. 2: Die rechtskräftige Entscheidung muß alle Beteiligte betreffen. Doch ist eine Verbindung mit Nr. 1 natürlich

insofern möglich, als von dem einen Beteiligten eine Bewilligung, gegen den anderen ein Urteil vorliegen kann. — Die vorläufige Vollstreckbarkeit genügt nicht. Die Rechtskraft ist nachzuweisen.

7. Zu Nr. 3: Auch hier muß die Anordnung gegen alle Beteiligte ergangen sein. Die Zuständigkeit ist nur im Rahmen des § 17 zu prüfen. Die Anordnung ist in urkundlicher Form vorzulegen. Ihr Inhalt ist sachlich nicht nachzuprüfen. Hat das Gericht z. B. die Herausgabe an den Prozeßbevollmächtigten angeordnet, so kann die Hinterlegungsstelle von ihm keine Vollmacht verlangen. — Die Hauptfälle sind die Anordnungen des Prozeßgerichts gemäß §§ 109, 715 d. ZPO. sowie des Vollstreckungsgerichts im Verteilungsverfahren gemäß §§ 876, 882 d. ZPO.

8. Zu Abs. 2: Die Beanstandung kann sich nur auf solche Tatsachen stützen, die nach dem materiellen Hinterlegungsrecht von Belang sind, z. B. den nachträglichen Erlaß eines Pfändungsbeschlusses. — Rechtlich unerheblich ist der nachträgliche Widerruf einer Bewilligung oder eines Anerkenntnisses. Beides sind empfangsbedürftige Willenserklärungen, die mit der Abgabe gegenüber dem Empfangsberechtigten oder der Hinterlegungsstelle wirksam werden.

9. Beispiele:

a) Hinterlegung durch den Beklagten zur Abwendung der Vollstreckung (ZPO. § 713 Abs. 2).

α. An den Beklagten ist zurückzuzahlen, wenn das ihn verurteilende Erkenntnis erster Instanz in zweiter Instanz dahin abgeändert ist, daß die Klage abgewiesen wird, auch wenn das Berufungsurteil nur vorläufig vollstreckbar ist. Teilweise Klagabweisung in der höheren Instanz genügt aber nicht.

β. Der Kläger hat durch die Hinterlegung zur Sicherheit ein Pfandrecht nach Maßgabe des § 233 d. BGB. erworben. Daraus folgt, daß er auf Grund eines rechtskräftigen verurteilenden Erkenntnisses die Herausgabe der Sicherheit fordern kann (BGB. §§ 1282 Abs. 1, 1228 Abs. 2), die von Geld jedoch nur insoweit, als es zu seiner Befriedigung nötig ist. — Ist die Hinterlegung nicht zur Sicherheitsleistung erfolgt, vielmehr der Streitgegenstand hinterlegt, so ist darin eine bedingte Erfüllung zu sehen, die ebenfalls den rechtskräftig obsiegenden Kläger zur Empfangnahme berechtigt.

b) Die Auszahlung des nach § 805 d. ZPO. hinterlegten Versteigerungserlöses an den Dritten kann nur erfolgen, wenn Gläubiger und Schuldner eingewilligt haben oder verurteilt sind. Ist dagegen der Dritte mit seiner Klage gegen den Gläubiger abgewiesen, so ist der Versteigerungserlös dem letzteren auch ohne Einwilligung des Schuldners auszuzahlen, da er ihm an sich zukommt (vgl. ZPO. § 819) und ihm nur wegen des Widerspruchs des Dritten zunächst vorenthalten ist. Wie in letzterem Fall ist dann zu verfahren, wenn das Vollstreckungsgericht die Hinterlegung nach den §§ 805 Abs. 4, 769 Abs. 2 d. ZPO. angeordnet hat, die von ihm für die Beibringung der Entscheidung des Prozeßgerichts gesetzte Frist aber fruchtlos verstrichen ist.

c) Sicherheit im Arrestverfahren:

α. Die vom Antragsteller hinterlegte Sicherheit (ZPO. §§ 921 Abs. 2, 925 Abs. 2, 927 Abs. 1) haftet nicht nur für die Richtigkeit des Arrestanspruchs, sondern auch für die des Arrestgrundes (vgl. ZPO. § 945). Durch ein den Schuldner in der Hauptsache verurteilendes Erkenntnis wird nur der Arrestanspruch endgültig festgestellt. Ein solches berechtigt den Gläubiger aber noch nicht, die von ihm hinterlegte Sicherheit zurückzufordern. Das kann er nur dann, wenn auch der Arrest selbst durch Urteil für rechtmäßig erklärt ist. Anderenfalls bedarf es der Einwilligung des Schuldners.

β. Die von dem Antragsgegner zwecks Hemmung der Arrestvollziehung hinterlegte Sicherheit (ZPO. §§ 923, 934; auch §§ 925, 927) haftet dem Antragsteller für seinen Anspruch. Wird dieser ihm rechtskräftig zuerkannt, so ist ihm also die Sicherheit auszuzahlen (vgl. oben a *β*).

10. Ist Geld hinterlegt, so ist zwischen der Auszahlung des Kapitals und der Zinsen zu unterscheiden (AV. § 28 Abs. 2 Satz 2). Die Empfangsberechtigten können für sie verschiedene Personen sein.

11. Das Verfahren bei der Herausgabe regeln die §§ 27, 28, 54 d. AV. (schriftlicher Antrag, Ausgabeverfügung an die Kasse, Nachricht davon an Antragsteller und Empfänger). Die Auszahlung von Geld erfolgt möglichst im Wege des Reichsbankgiro- oder Postüberweisungs- und Scheckverkehrs, im übrigen im gewöhnlichen Postverkehr. Auch sonst sind hinterlegte Sachen den Empfängern durch die Post zuzusenden; denen, die am Orte der Hinterlegungskasse sich befinden, jedoch nur dann, wenn sie innerhalb angemessener Frist sie nicht abholen. Zur Versendung in das Ausland bedarf es (außer bei Geld) eines besonderen Antrags, der bei einem Wertgegenstande von mehr als 3000 ℳ zu beglaubigen (§ 18) ist. — Die Übersendung kann auf Antrag des Empfangsberechtigten auch an einen Dritten erfolgen.

12. Die Herausgabe kann von der Kostenerstattung abhängig gemacht werden (§ 41 Nr. 3).

§ 15. Die Verfügung ergeht ferner auf Ersuchen einer zuständigen Behörde um Herausgabe an sie selbst oder an eine in dem Ersuchen bezeichnete Person. Ergibt sich ein von der ersuchenden Behörde nicht bereits berücksichtigtes Bedenken gegen die Berechtigung des Empfängers, so ist es der Behörde unter Aussetzung der Verfügung mitzuteilen. Dem weiteren Ersuchen ist ungeachtet des Bedenkens zu genügen.

1. Prüfung der Zuständigkeit nur nach § 17.

2. Die materielle Richtigkeit des Ersuchens hat die Hinterlegungsstelle nicht zu prüfen. Sie hat nur die ersuchende Behörde hinzuweisen auf von dieser nicht berücksichtigte Bedenken, etwa auf einen inzwischen ergangenen Pfändungsbeschluß.

3. Beispiele: Ersuchen des Strafrichters um Herausgabe einer zwecks Abwendung der Untersuchungshaft gestellten Sicherheit (StPO. § 124 Abs. 1); Ersuchen des Vollstreckungsgerichts um Herausgabe einer von dem Bieter geleisteten Sicherheit (ZVG. § 108 Abs. 1).

§ 16. Zur Berücksichtigung einer Person, deren Beteiligung auf einer nach der Hinterlegung eingetretenen Änderung in den Rechtsverhältnissen beruht, ist die Hinterlegungsstelle nur verpflichtet, wenn ihr die Änderung von einem Beteiligten oder einer zuständigen Behörde schriftlich oder zu Protokoll mitgeteilt ist.

1. Die Hinterlegungsstelle prüft den Herausgabeantrag auf Grund des Sachverhältnisses, wie es sich aus dem Annahmeantrage und seinen Anlagen ergibt (vgl. § 14 Anm. 4a). Zu Nachforschungen von Amts wegen in tatsächlicher Richtung ist sie nicht verpflichtet. Änderungen in den Rechtsverhältnissen der Beteiligten braucht sie nur dann zu berücksichtigen, wenn sie ihr in der im Gesetz bestimmten Weise (dazu wegen der Schriftlichkeit § 18, wegen der Zuständigkeitsprüfung § 17) mitgeteilt sind. Dies gilt zunächst, wenn eine im Hinterlegungsantrage nicht genannte Person nachträglich Beteiligte geworden ist, z. B. durch Abtretung, durch Heirat. Der Grundsatz muß aber weiter auch dann angewandt werden, wenn es sich nicht um den Eintritt eines neuen Beteiligten, sondern um eine Änderung in den Rechtsverhältnissen eines bereits von vornherein Beteiligten handelt. So muß die Hinterlegungsstelle z. B. die Entmündigung eines möglicherweise Empfangsberechtigten nur im Fall der Mitteilung nach § 16 berücksichtigen. Zu dieser durch den Wortlaut des § 16 vielleicht nicht unbedingt gebotenen weiteren Auslegung zwingt der Zweck der Bestimmung, die die Hinterlegungsstelle von Nachforschungen von Amts wegen entlasten soll. Auch § 28 d. a. HO., der die Anzeige jeder „Änderung in der Empfangsberechtigung“ forderte und an dem man nichts hat ändern wollen (Begr. S. 23), kann für diese Auffassung herangezogen werden.

2. Die Mitteilung an die Hinterlegungsstelle wird nicht ersetzt durch Eintragungen in öffentliche Bücher oder durch öffentliche Bekanntmachungen. Die Hinterlegungsstelle kann z. B. den Inhalt des Grundbuchs außer acht lassen, soweit er ihr nicht mitgeteilt ist. — Praktisch wichtig ist § 16 insbesondere für den Fall

des Konkurses eines Beteiligten. Der Konkursverwalter ist nach der herrschenden Ansicht nicht Vertreter, sondern Amtsträger. Er ist also ein neuer Beteiligter, auf den § 16 unmittelbar Anwendung findet. § 8 d. KO. muß ihm gegenüber nach dem Vorbehalt in Art. 145 d. EG.BGB. (Nachweis der Empfangsberechtigung; Einleitung S. 37) zurücktreten.

3. Wegen Mitteilungen, die erst nach Erlaß der Ausgabeverfügung an die Hinterlegungsstelle gelangen, vgl. § 23.

4. § 16 bestimmt nur negativ, daß nicht angezeigte Rechtsänderungen nicht berücksichtigt zu werden brauchen. Die Folgen einer etwaigen Mitteilung dagegen ordnet die Vorschrift nicht. Ihre Wirkung ist nicht etwa die, daß die angezeigte Änderung der Rechtsverhältnisse als dargetan anzusehen ist. Vielmehr entscheiden darüber die sonstigen Bestimmungen der HO. und des bürgerlichen Rechts. Stets wird aber die Hinterlegungsstelle bei der Entscheidung über Auszahlungsanträge solche Mitteilung berücksichtigen und den Nachweis ihrer Richtigkeit oder Unrichtigkeit verlangen müssen. Dies gilt auch, wenn die Mitteilung von einer Behörde ausgeht. — Ohne weiteres beweisend wirkt z. B. die Anzeige eines Empfangsberechtigten, daß er seinen Anspruch gegen die Hinterlegungsstelle einem Dritten abgetreten habe (BGB. § 409). Meldet sich dagegen etwa der Vormund eines Beteiligten, so muß er seine Vertretungsmacht erst nachweisen.

5. Die Mitteilungen sind auch von der Hinterlegungskasse in den Büchern zu vermerken (AB. § 29).

§ 17. Geht in den Fällen des § 14 Abs. 1 Nr. 3, des § 15 oder des § 16 die Anordnung, das Ersuchen oder die Mitteilung von einem deutschen Gericht oder einer anderen preußischen Staatsbehörde aus, so ist deren Zuständigkeit von der Hinterlegungsstelle nicht zu prüfen.

Nicht bloß die örtliche, sondern auch die sachliche Zuständigkeit sind als gegeben anzusehen.

§ 18. Ist die Erklärung eines Beteiligten (§§ 14, 16) schriftlich erfolgt, so kann die Hinterlegungsstelle verlangen, daß die Echtheit der Unterschrift durch eine zur Führung eines öffentlichen Siegels berechtigte Person unter Beidrückung ihres Siegels oder Stempels bescheinigt oder daß die Urkunde öffentlich beglaubigt wird.

1. Die Echtheit schriftlicher Erklärungen prüft die Hinterlegungsstelle nach freiem Ermessen. Bei den Bewilligungen und Anerkenntnissen des § 14 Abs. 1 Nr. 1 sowie den Mitteilungen des § 16 ist sie aber befugt, die öffentliche Beglaubigung der Urkunde (BGB. § 129) oder die Bescheinigung der Echtheit der Unterschrift durch eine zur Führung eines öffentlichen Siegels berechtigte Person zu fordern. Zur Führung solchen Siegels befugt sind z. B. die Geistlichen, die Magistrate, Gemeindevorsteher und Bezirksvorsteher, die Polizeiverwaltungen und Amtsvorsteher, die Schiedsmänner und Gerichtsvollzieher.

2. Beglaubigungsgebühr: § 42, Stempelfreiheit: § 43.

§ 19. (1) Ist die Veranlassung für eine Hinterlegung weggefallen, so kann die Hinterlegungsstelle, wenn ein Antrag auf Herausgabe gestellt ist, Beteiligten, welche die Herausgabe nicht bewilligt, auch die Empfangsberechtigung nicht anerkannt haben, eine nach Wochen zu bemessende Frist bestimmen, binnen deren sie ihr eine dieser Erklärungen abzugeben oder die Erhebung der Klage wegen ihrer Ansprüche nachzuweisen haben.

(2) Diese Bestimmung ist in entsprechender Anwendung der Vorschriften über die Zustellungen im Verwaltungszwangsverfahren bekannt zu machen. Sie unterliegt der sofortigen Beschwerde, die binnen einer Frist von zwei Wochen seit dem Zeitpunkte der Bekanntmachung einzulegen ist. Eine weitere Beschwerde findet nicht statt.

(3) Die im ersten Absatze bezeichnete Frist beginnt mit der Rechtskraft der sie bestimmenden Verfügung. Nach Ablauf der Frist gilt die Einwilligung als erteilt, wenn nicht inzwischen die Erhebung der Klage nachgewiesen ist.

1. Die Bestimmung schließt sich dem § 109 d. ZPO. an. Er bleibt unberührt, so daß, wenn die Veranlassung für eine prozessuale Sicherheit weggefallen ist, sowohl das Gericht wie die Hinterlegungsstelle eine Frist bestimmen können. Ordnet das Gericht nach Ablauf der von ihm gesetzten Frist die Rückgabe der Sicherheit an, so hat die Hinterlegungsstelle nach § 14 Abs. 1 Nr. 3 dem zu entsprechen. Die von ihr gesetzte Frist wird damit gegenstandslos.

2. Wann die Veranlassung für eine Hinterlegung weggefallen ist, ist im einzelnen Fall auf Grund des materiellen Rechts zu prüfen. Wenn z. B. der Schuldner wegen Annahmeverzuges des Gläubigers (BGB. § 372) unter Verzicht auf Rücknahme hinterlegt, doch aber die Schuld nochmals an den Gläubiger entrichtet hat, vielleicht, weil dieser die Rechtmäßigkeit der Hinterlegung nicht anerkannte, so ist ein Anlaß für die Hinterlegung nicht mehr vorhanden. — Den Wegfall der Veranlassung muß der Antragsteller dartun.

3. Die Fristbestimmung steht im Ermessen der Hinterlegungsstelle. Sie setzt einen Antrag auf Herausgabe voraus. Nicht erforderlich ist, daß auch die Fristsetzung beantragt wird.

4. Bewilligung und Anerkenntnis liegen auch dann nicht vor, wenn sie der nach Ansicht der Hinterlegungsstelle erforderlichen Form des § 18 entbehren. Die Hinterlegungsstelle kann in diesem Falle, statt die Erfüllung jener Form zu fordern, nach § 19 eine Frist setzen.

5. Wegen der Zustellungen im Verwaltungszwangsverfahren vgl. § 11 Anm. 3 a. E.

6. Beschwerdeberechtigt im Sinne des Abs. 2 ist der Beteiligte, dem die Frist gesetzt ist.

§ 20. Ist nach den vorstehenden Bestimmungen die Herausgabe verfügt und erfolgt, so kann die Staatskasse lediglich auf Grund eines besseren Rechtes zum Empfange nicht in Anspruch genommen werden.

1. Während Erfüllung nur die Leistung an den wahren Gläubiger ist (BGB. § 362 Abs. 1), wird die Staatskasse von ihrer durch die Hinterlegung entstandenen Verbindlichkeit schon dann befreit, wenn sie dem die hinterlegten Gegenstände ausantwortet, dessen Empfangsberechtigung den §§ 14—19 gemäß dargetan ist. Es kommt im Verhältnis zur Staatskasse nicht darauf an, ob er auch tatsächlich der Empfangsberechtigte war. Die Vorschrift beruht auf Art. 145 Abs. 1 Satz 1 d. EG.BGB. (Nachweis der Empfangsberechtigung; Einleitung S. 37 f.).

2. § 20 ist ohne praktische Bedeutung für den Fall des § 14 Abs. 1 Satz 1. Dort wird im Gegensatz zu Satz 2 Nr. 1—3 als Grundlage der Herausgabe der Nachweis der Empfangsberechtigung gefordert. Ist er erbracht, so kann eine Divergenz zwischen dem Empfänger und dem Empfangsberechtigten nicht in Frage kommen. Hat dagegen die Hinterlegungsstelle den Nachweis irrtümlich als geführt angesehen, während er tatsächlich nicht erbracht war, so hat der Staat nochmals zu zahlen, einerlei, ob die beteiligten Beamten ein Verschulden trifft oder nicht.

3. Nicht anwendbar ist § 20, wenn eine der nach § 14 Abs. 1 Nr. 1 der Hinterlegungsstelle vorgelegten Erklärungen gefälscht ist, da dann eine Bewilligung oder ein Anerkenntnis im Rechtssinne überhaupt nicht vorhanden ist. Die Staatskasse muß auch hier ohne Rücksicht auf ein Verschulden eines Beamten nochmals leisten.

4. § 20 kann insbesondere den Personen entgegengehalten werden, deren Beteiligung auf einer nach der Hinterlegung eingetretenen Rechtsänderung beruht, die der Hinterlegungsstelle nicht mitgeteilt ist (§ 16). Auch die Beteiligten, die die Frist des § 19 haben verstreichen lassen, können ihr besseres Recht nicht geltend machen.

5. Durch § 20 nicht berührt wird:

a) die Haftung des Staates nach dem G. v. 1. 8. 09 (unten § 45; vgl. Vorbem. zu §§ 27—39 Nr. 2b) und der Beamten nach § 839 d. BGB.;

b) das Verhältnis der Beteiligten untereinander. Es bleibt dem wirklich Berechtigten unbenommen, gegen den Empfänger aus ungerechtfertigter Bereicherung oder einem sonstigen Rechtsgrunde Klage zu erheben.

§ 21. Sind Papiere oder Kostbarkeiten eines Mündels, Pflegebefohlenen oder unter elterlicher Gewalt stehenden Kindes auf Grund des § 1814 oder des § 1818 (§ 1667 Abs. 2 Satz 4, § 1915) des Bürgerlichen Gesetzbuchs oder eines entsprechenden älteren Gesetzes durch den Vormund, Pfleger oder Gewalthaber hinterlegt worden, so bedarf es zur Herausgabe an einen Vormund, Pfleger oder Gewalthaber der Genehmigung des Vormundschaftsgerichts.

1. Verlangt das für die Empfangsberechtigung maßgebende materielle Recht zur Gültigkeit von Verfügungen oder sonstigen Rechtshandlungen die Mitwirkung einer Behörde, so kann ohne diese die Herausgabe nicht erfolgen. Eine praktisch wichtige Anwendung dieses Grundsatzes enthält § 21. Er zieht die Folgerung aus den §§ 1814, 1818 d. BGB. (Papiere = Wertpapiere; vgl. § 1 Anm. 3.) — Verabsäumt der Vormund pflichtwidrig die in § 1814 vorgesehene Bestimmung bei der Hinterlegung zu treffen, so ist überhaupt nicht dieser Vorschrift entsprechend hinterlegt, also auch § 21 nicht anwendbar.

2. Die Bestimmung gilt nur für die Herausgabe an den Vormund (Pfleger, Gewalthaber). An den volljährig oder sonst geschäftsfähig gewordenen Eigentümer kann ohne vormundschaftsgerichtliche Genehmigung herausgegeben werden. Es folgt das aus dem materiellen Recht.

3. Über das Verhältnis zu § 22 vgl. § 22 Anm. 4a.

§ 22. (1) In anderen Fällen kann die Hinterlegungsstelle die Herausgabe von Sachen, die zu einem unter der Aufsicht einer öffentlichen Behörde oder eines Familienrats verwalteten Vermögen gehören, an den Verwalter von der Bescheinigung der Aufsichtsbehörde oder des Familienrats über die Ermächtigung des Verwalters zur Empfangnahme abhängig machen.

(2) Die Bescheinigung ist nicht zu verlangen:

1. wenn die Aufsichtsbehörde oder der Familienrat die Empfangnahme durch den Verwalter genehmigt;
2. bei Herausgabe an einen Vormund oder Pfleger:
   a) wenn der Wert der hinterlegten Masse nicht mehr als dreihundert Mark beträgt;
   b) wenn der Gegenvormund die Empfangnahme genehmigt oder wenn sich aus der Bestallung ergibt, daß es der Genehmigung eines Gegenvormundes nicht bedarf;
   c) wenn die herauszugebende Sache nicht in Geld oder Wertpapieren besteht;
3. bei Herausgabe an einen Konkursverwalter, wenn das Konkursgericht bescheinigt, daß ein Gläubigerausschuß nicht bestellt ist.

(3) Ist die im ersten Absatze bezeichnete Bescheinigung beigebracht oder nach den Vorschriften des zweiten Absatzes nicht zu verlangen, so kann die Staatskasse auf Grund eines Mangels der Ermächtigung des Verwalters zum Empfange nicht in Anspruch genommen werden.

1. Die Vorschrift soll die Hinterlegungsstelle von der Prüfung der Legitimation des Verwalters eines Vermögens entlasten. Steht die Verwaltung unter der Aufsicht einer öffentlichen Behörde, so kann ihr die Hinterlegungsstelle nach freiem Ermessen

jene Prüfung überlassen. Der Familienrat wird einer öffentlichen Behörde gleichgeachtet (BGB. § 1872 Abs. 1). — Die Bescheinigung der Aufsichtsbehörde ersetzt nur den Nachweis der Befugnis des Verwalters. Die Empfangsberechtigung der von ihm verwalteten Masse ist dagegen nach den allgemeinen Regeln (§§ 14 ff.) darzutun.

2. Die hauptsächlich in Betracht kommenden Fälle sind Vormundschaft, Pflegschaft und Konkurs. Für Lehns-, Familienfideikommiß- und Stiftungssachen ist die Bestimmung praktisch ohne Bedeutung, da die Aufsichtsbehörden selbst Hinterlegungsstellen sind (AB. § 2; vgl. § 2 Anm. 3a).

3. Die Bescheinigung der Behörde darf sich nicht bloß auf die allgemeine Vertretungsbefugnis des Verwalters erstrecken, muß vielmehr ersehen lassen, daß er gerade in diesem Fall die hinterlegten Gegenstände in Empfang nehmen darf. Es steht jedoch im Ermessen der Behörde, ob sie die Bescheinigung allgemein für regelmäßig wiederkehrende Fälle, z. B. für die Empfangnahme der Zinsen, oder für den einzelnen Fall erteilen will. — Der Bescheinigung der Ermächtigung zur Empfangnahme steht die Genehmigung der Empfangnahme durch die Aufsichtsbehörde gleich (Abs. 2 Nr. 1).

4. Zu Abs. 2 Nr. 2:

a) Nicht betroffen durch § 22 wird die Herausgabe von Papieren und Kostbarkeiten des Mündels, die der Vormund (Pfleger) selbst nach den §§ 1814, 1818 d. BGB. hinterlegt hat. Hier muß nach § 21 vormundschaftsgerichtliche Genehmigung verlangt werden. § 22 bezieht sich auf sonstige Fälle, in denen ein Mündel auf hinterlegte Sachen Anspruch erheben kann, z. B. bei der Hinterlegung in einem von ihm geführten Prozesse.

b) Der Vormund (Pfleger) kann nach § 1812 Abs. 1 Satz 1 d. BGB. über die Ansprüche seines Mündels gegen die Hinterlegungsstelle mit Genehmigung des Gegenvormundes verfügen. Er bedarf auch ihrer nicht bei der befreiten Vormundschaft (BGB. §§ 1852 Abs. 2, 1855) und bei der Bevormundung eines Volljährigen durch den Vater oder die eheliche Mutter (BGB. §§ 1903,

1904). Diesen materiellrechtlichen Bestimmungen entspricht Abs. 2 Nr. 2b, wobei jedoch vorausgesetzt wird, daß die Befreiung aus der Bestallung ersichtlich ist. Die Vorschriften in Abs. 2 Nr. 2a und c entsprechen dem § 1813 Abs. 1 Nr. 1 u. 2 d. BGB. Wegen des Begriffs Wertpapiere vgl. § 1 Anm. 3.

5. Abs. 2 Nr. 3 beruht auf § 137 d. KO.

6. Zu Abs. 3 vgl. die entsprechende Vorschrift des § 20.

§ 23. Wird die Hinterlegungsstelle von einem der Herausgabe entgegenstehenden Hindernis erst nach dem Abgange der Weisung an die Kasse in Kenntnis gesetzt, so kann die Staatskasse nicht aus dem Grunde in Anspruch genommen werden, weil bei der gemäß der Weisung bewirkten Herausgabe das Hindernis nicht berücksichtigt ist. Die Weisung ist jedoch für den Fall, daß sie noch nicht ausgeführt sein sollte, zurückzuziehen.

1. Während die Hinterlegungsstelle über die Herausgabeanträge entscheidet, bewirkt erst die Hinterlegungskasse auf jene Entscheidung hin die Herausgabe selbst. Hindernisse, die erst nach Abgang der Ausgabeverfügung (das Gesetz spricht von einer „Weisung") zur Kenntnis der Hinterlegungsstelle gelangen, die sie also bei Prüfung des Herausgabeantrages nicht berücksichtigen konnte, machen die Herausgabe nicht mehr zu einer unrechtmäßigen. Die Staatskasse kann bei Nichtbeachtung des Hindernisses nicht nochmals in Anspruch genommen werden. — Beispiele: nachträgliche Mitteilungen gemäß § 16, spätere Pfändungen.

2. Im Interesse der Beteiligten ist jedoch vorgeschrieben, daß die Ausgabeverfügung, wenn dies noch möglich, beim Bekanntwerden eines solchen Hindernisses zurückzuziehen ist. Eine schuldhafte Verletzung dieser Pflicht macht die Herausgabe nicht unrechtmäßig. Der Staat haftet nur nach dem G. v. 1. 8. 09 (unten § 45; vgl. Vorbem. zu den §§ 27—39 Nr. 2b), der schuldige Beamte nach § 839 d. BGB.

3. Auch die Hinterlegungskasse hat von etwaigen Bedenken gegen die Ausführung der Ausgabeverfügung die Hinterlegungsstelle unverzüglich zu benachrichtigen (AV. § 28 Abs. 4).

§ 24. Der Staat ist nicht verpflichtet, hinterlegte Gelder und andere Sachen an einem anderen Orte als dem Sitze der Hinterlegungskasse herauszugeben.

1. Die Rückgabeverpflichtung des Staates ist eine Holschuld (vgl. BGB. § 697).

2. Hinterlegungskasse ist auch die Kasse, an die die hinterlegten Wertpapiere und Kostbarkeiten gemäß § 5 d. AV. abgeliefert sind (vgl. § 2 Anm. 4a).

3. Der Empfänger trägt die Gefahr, falls die hinterlegten Gegenstände ihm nach § 54 d. AV. durch die Post übersandt werden, sowie auch die Kosten solcher Übersendung (§ 41 Nr. 10b).

Fünfter Abschnitt.

Einstellung der Verzinsung und Aufgebot.

§ 25. (1) Die Verzinsung hinterlegten Geldes ist mit dem Ablaufe von zehn Jahren, vom Beginne der Verzinsung an gerechnet, einzustellen.

(2) Beantragt ein Beteiligter vor Ablauf der Frist unter dem Nachweise der Fortdauer der Veranlassung zur Hinterlegung die Fortsetzung der Verzinsung, so beginnt die Einstellung der Verzinsung erst mit dem Ablaufe von zehn Jahren, vom Ende des Kalendermonats an gerechnet, in welchem der Antrag bei der Hinterlegungsstelle eingegangen ist.

(3) Geht nach Einstellung der Verzinsung ein den Vorschriften des Abs. 2 entsprechender Antrag bei der Hinterlegungsstelle ein, so beginnt die Verzinsung mit dem ersten Tage des nächstfolgenden Kalendermonats von neuem.

(4) Ist ein Antrag auf Auszahlung des Geldes oder eines Teiles gestellt, so sind auf die Fortsetzung der Verzinsung die Vorschriften der Abs. 2 und 3 entsprechend anzuwenden, wenn anzunehmen ist, daß zur Zeit der Anbringung des Antrags die Veranlassung zur Hinterlegung noch fortdauerte.

1. Die zehnjährige Frist endet mit dem letzten Tage des Monats, der dem Monate, in welchem hinterlegt ist, entspricht (§ 7 Abs. 3 Satz 2; BGB. §§ 187 Abs. 2 Satz 1, 188 Abs. 2). Außer diesem Fristablauf setzt die Einstellung der Verzinsung aber auch weiter noch die Bekanntmachung nach § 26 voraus (§ 26 Anm. 1).

2. Abs. 2 verlangt den Nachweis der Fortdauer der Veranlassung zur Hinterlegung. In entsprechender Anwendung des § 4 Abs. 1 Nr. 1 (§ 4 Anm. 2) wird die Hinterlegungsstelle sich regelmäßig mit der Angabe der die Fortdauer der Hinterlegung rechtfertigenden Tatsachen zu begnügen haben. — Beteiligter: § 14 Anm. 4.

3. Den in Abs. 2 u. 4 bezeichneten Anträgen steht nach § 25 d. AV. die Hinterlegung weiterer Beträge zu einer bereits vorhandenen Masse, d. h. eine neue Hinterlegung in derselben Angelegenheit (§ 4 Anm. 6a) gleich. Die Annahme eines solchen weiteren Betrages tut im Zweifel dar, daß die Veranlassung zur Hinterlegung für die ganze hinterlegte Masse fortdauert.

4. Die Einstellung der Verzinsung verfügt die Hinterlegungsstelle auf Grund der Angaben der Hinterlegungskasse (AV. §§ 26, 55).

5. „Es versteht sich von selbst, daß für die Berechnung der in § 20 (jetzt § 25) bezeichneten Fristen die vor dem Inkrafttreten dieses Gesetzes liegende Zeit der Verzinsung der vorher hinterlegten Massen einzurechnen ist, da die älteren Hinterlegungen als solche fortgesetzt werden" (Begr. S. 24).

§ 26. (1) Spätestens zwei Wochen vor Beginn jedes Kalendervierteljahrs ist ein Verzeichnis der Massen, bei welchen im Laufe des Vierteljahrs die Einstellung der Verzinsung bevorsteht, durch Anheftung an die Gerichtstafel der

Hinterlegungsstelle und, wenn diese es für angemessen erachtet, auch durch Einrückung in ein öffentliches Blatt bekannt zu machen.

(2) Ist nicht ein Gericht die Hinterlegungsstelle, so bestimmt sie das Amtsgericht, an dessen Gerichtstafel das Verzeichnis anzuheften ist.

(3) Die anzuheftenden Verzeichnisse sollen nicht vor Ablauf von drei Monaten seit der Anheftung entfernt werden.

1. Die Bekanntmachung soll den Beteiligten die Möglichkeit geben, Anträge auf Fortsetzung der Verzinsung nach § 25 zu stellen. Sie ist notwendige Voraussetzung der Einstellung der Verzinsung. Erfolgt die Bekanntmachung verspätet, so ist die Verzinsung bis zum Ablauf des nächstfolgenden Vierteljahrs fortzusetzen.

2. Die Aufstellung des Verzeichnisses sowie seinen und der Bekanntmachung Inhalt regeln die §§ 26 u. 55 d. AV.

3. Abs. 2 ist zurzeit ohne Bedeutung.

4. Die vorzeitige Entfernung des angehefteten Verzeichnisses hindert die Einstellung der Verzinsung nicht (Begr. S. 24).

Vorbemerkung zu den §§ 27—39.

1. Auf Grund des Art. 145 Abs. 1 Satz 1 d. EG.BGB. (Erlöschen des Rückgabeanspruchs; Einleitung S. 37) regelt die HO. in den folgenden Paragraphen ein Aufgebotsverfahren zum Zweck der Ausschließung der Beteiligten mit ihren Ansprüchen gegen die Staatskasse. Es betreffen

a) die §§ 27—33 das Aufgebot bei der Hinterlegung von kassenmäßigem Geld im Betrage von mindestens 100 ℳ, wobei § 33 Sondervorschriften enthält, und zwar in Abs. 1 für den Fall, daß das hinterlegte Geld weniger als 300 ℳ, aber immer noch mindestens 100 ℳ beträgt, Abs. 2 für den Fall, daß das hinterlegte Geld bis auf einen Rest von weniger als 10 ℳ ausgezahlt ist;

b) die §§ 34—38 das Aufgebot bei der Hinterlegung von kassenmäßigem Geld unter 100 ℳ, von nicht umgesetztem Gelde, von Wertpapieren und von Kostbarkeiten;

c) der § 39 das Aufgebot bei der Hinterlegung von Urkunden, die nicht Wertpapiere sind.

2. Da der Anspruch des aus der Hinterlegung Empfangsberechtigten gegen den Staat privatrechtlicher Natur (Einleitung S. 41 f.) ist, so erlischt er außer durch Aufgebot auch aus den allgemeinen Gründen des bürgerlichen Rechts.

a) Die Erfüllung in der besonderen Gestalt der Herausgabe ist bereits erörtert (§§ 13 ff.). — Naturgemäß ist es für die Staatskasse unmöglich, sich durch Hinterlegung nach den §§ 372 ff. d. BGB. zu befreien (Ber. II S. 9/10). — Die Aufrechnung durch den Empfangsberechtigten wird mit Rücksicht auf § 395 d. BGB. von geringer praktischer Bedeutung sein.

b) Die Verpflichtung des Staates zur Rückgabe erlischt auch gemäß § 275 d. BGB. durch unverschuldete Unmöglichkeit, z. B. durch Brand, Einbruchsdiebstahl, freilich nicht bei der Hinterlegung kassenmäßigen Geldes, das in das Eigentum des Staates übergeht (§ 6; BGB. § 279), wohl aber bei der von sonstigen Gegenständen, insbesondere auch von Wertpapieren. — Der Staat haftet für seine Organe nicht bloß auf Grund der §§ 89 Abs. 1, 31, 831 d. BGB. Vielmehr hat er für Vertreter und Erfüllungsgehilfen nach § 278 d. BGB. einzustehen, da es sich um ein vertragsmäßiges Verhältnis handelt (Einleitung S. 41 f.).

Einer besonderen Beurteilung unterliegen auch in diesem Zusammenhange die Annahme- und Herausgabeverfügungen. Sie sind Staatshoheitsakte (Einleitung S. 44). Trifft die staatlichen Organe bei ihrer Vornahme ein Verschulden, so kann daraus ein privatrechtlicher Schadensersatzanspruch nicht hergeleitet werden. Der Staat haftet aber auf Grund des nach § 45 unberührt gebliebenen G. v. 1. 8. 09 (so auch Ber. II S. 10). Von wesentlicher Bedeutung wird diese Haftung übrigens nicht sein, da, wenn die Ausgabeverfügung schuldhaft erlassen ist, wohl regelmäßig auch die Befreiung des Staates nach § 20 nicht eingetreten sein wird, so daß er also dem wirklich Empfangsberechtigten nach wie vor zur Herausgabe auf Grund der Hinterlegung verpflichtet ist. Praktisch werden kann diese Haftung freilich z. B. bei Versäumung der in § 23 festgelegten Pflicht (§ 23 Anm. 2).

3. Den Erlöschungsgründen nahe steht die Verjährung. Der Anspruch aus der Hinterlegung verjährt als privatrechtlicher in 30 Jahren (BGB. § 195). Die für den Beginn dieser Frist maßgebende Entstehung des Anspruchs (BGB. § 198) fällt nicht mit der Hinterlegung zusammen. Sie tritt erst dann ein, wenn die Empfangsberechtigung nachgewiesen ist. Die §§ 14 ff. haben insofern materielle Bedeutung. Es folgt das nicht bloß aus ihrem Wortlaut. Vielmehr ist zu erwägen, daß jede Hinterlegung bestimmte Zwecke verfolgt, zu deren Erfüllung die Sachen dem Staate anvertraut werden. Zurückgeben darf und muß er sie erst dann, wenn jene Zwecke erreicht sind. Und das steht im Verhältnis zur Hinterlegungsstelle erst fest, wenn die Empfangsberechtigung nachgewiesen ist. Vorher ist sie zur Rückgabe überhaupt noch nicht verpflichtet.

Von dieser Auffassung geht wohl schon das Reichsgericht in RGZ. **11** 319 aus. Auch in dem Ber. II S. 14, 24 finden sich ähnliche Ausführungen. Und der Komm. der RGR., 2. Aufl., § 372 Anm. 1 betont für den Fall der Hinterlegung zur Schuldbefreiung, daß der Empfangsberechtigte einen von dem Nachweise seiner Empfangsberechtigung bedingten Anspruch auf Zahlung habe.

Wollte man Hinterlegung und Verjährungsbeginn zusammenfallen lassen, so würde das Aufgebotsverfahren in weitem Umfange der praktischen Bedeutung beraubt sein. Es ist erst 30 Jahre nach der Hinterlegung zulässig (§§ 27, 25 Abs. 1, 35 Abs. 1). Die angemeldeten Ansprüche würden also verjährt, ihr Aufgebot unnötig gewesen sein. Die Möglichkeit, die Verjährung zu unterbrechen, kann das Aufgebotsverfahren demgegenüber nicht rechtfertigen, zumal z. B. Auszahlungsanträge nicht nur die Verjährung unterbrechen (BGB. § 220 Abs. 1), sondern auch den Neubeginn der Aufgebotsfrist bewirken (§§ 25 Abs. 4, 27, 35 Abs. 3).

Nimmt man danach an, daß der Herausgabeanspruch erst entsteht, wenn die Empfangsberechtigung nachgewiesen ist, so verliert zwar die Verjährung für die Hinterlegungsansprüche ihren praktischen Wert. Gerade darin ist aber der gesetzliche Grund für die Einführung des Aufgebotsverfahrens zu suchen.

§ 27. Ist binnen zwanzig Jahren nach der Einstellung oder nach der letzten Einstellung der Verzinsung das Geld nicht ausgezahlt, so können die Beteiligten im gerichtlichen Aufgebotsverfahren zur Anmeldung ihrer Ansprüche aufgefordert werden.

1. Daß die §§ 27—33 sich nur auf den Fall beziehen, daß kassenmäßiges Geld im Betrage von mindestens 100 ℳ hinterlegt ist (umgesetztes Geld steht auch hier dem von vornherein kassenmäßigen natürlich gleich), ist zwar nicht ausdrücklich gesagt. Es folgt das aber nicht nur aus dem Gegensatz zu den §§ 34—39, sondern auch daraus, daß die 20jährige Frist mit der Einstellung der Verzinsung beginnt, nach den §§ 7 Abs. 2, 8 Abs. 1 aber nur kassenmäßiges Geld im Betrage von mindestens 100 ℳ verzinst wird.

2. Aus den §§ 27, 25 Abs. 1, 7 Abs. 3 ergibt sich als regelmäßige Aufgebotsfrist ein Zeitraum von 30 Jahren, beginnend mit dem ersten Tage des der Hinterlegung folgenden Monats, endigend also mit Ablauf des Monats des 30. Jahres, der dem Hinterlegungsmonat entspricht. Doch ist der zweite, 20jährige, Teil der Frist stets erst von der wirklich erfolgten Einstellung der Verzinsung an (vgl. § 25 Anm. 4) zu berechnen. Daraus kann eine Verlängerung der Frist sich ergeben, wenn die Verzinsung nicht schon nach 10 Jahren eingestellt ist.

3. Endet die Verzinsung nicht durch Einstellung, sondern durch Herabsinken des hinterlegten Betrages auf weniger als 100 ℳ (§ 7 Anm. 6), so finden die §§ 34 ff. Anwendung.

4. Von Bedeutung auch für die Aufgebotsfrist sind die in § 25 Abs. 2—4 (vgl. auch AB. § 25; oben § 25 Anm. 3) genannten Anträge. Sie lassen die Frist für die Verzinsung und damit die gesamte für das Aufgebot maßgebende Frist von neuem laufen.

5. Mit dem Aufgebot des Kapitals wird auch das Aufgebot der gutgeschriebenen Zinsen zulässig.

§ 28. (1) In den Fällen des § 382, des § 1171 Abs. 3 und des § 1269 Satz 3 des Bürgerlichen Gesetzbuchs kann der Erlaß des Aufgebots nicht vor dem Ablaufe von einunddreißig Jahren beantragt werden.

(2) Die einunddreißigjährige Frist beginnt:

1. im Falle des § 382 mit dem Ende des Monats, in welchem der Gläubiger die Anzeige von der Hinterlegung empfangen hat oder, falls die Anzeige untunlich war und deshalb unterblieben ist, mit dem Ende des Monats, in dem hinterlegt ist;
2. in den Fällen des § 1171 Abs. 3 und des § 1269 Satz 3 mit der Erlassung des Urteils, durch welches der Gläubiger mit seinem Rechte ausgeschlossen ist; das Gericht hat das Ausschlußurteil der Hinterlegungsstelle mitzuteilen.

1. Die Vorschrift beruht auf Art. 145 Abs. 1 Satz 2 d. EG.BGB. (Einleitung S. 37; § 11 Anm. 1). Sie geht jedoch über diese Bestimmung noch hinaus, indem sie die Einhaltung der 31jährigen Frist auch dann fordert, wenn der Gläubiger sich gemeldet hat (ebenso a.HO. § 58a; Mot. zum AG.BGB. S. 178, bei Stegemann, Materialien S. 116 f.). Der Gläubiger kann also noch bis zum Ablauf des 31. Jahres seine Empfangsberechtigung nachweisen.

2. In den Fällen des § 28 ist die Zulässigkeit des Aufgebots an den Ablauf einer doppelten Frist gebunden, der allgemeinen nach § 27 und außerdem der besonderen dieses Paragraphen.

3. Zu Abs. 2 Nr. 1: Der Anzeige des Schuldners steht die von der Hinterlegungsstelle in seinem Namen erstattete gleich (§ 11 Anm. 2).

4. Zu Abs. 2 Nr. 2: Der Fristbeginn — Erlaß des Ausschlußurteils (ZPO. § 952 Abs. 1) — entspricht dem in den §§ 1171 Abs. 3, 1269 Satz 3 d. BGB. bestimmten.

§ 29. (1) Ist auf Grund des § 117 Abs. 2 oder der §§ 120, 121, 124, 126 des Gesetzes über die Zwangsversteigerung und die Zwangsverwaltung vom 24. März 1897 in der Fassung der Bekanntmachung vom 20. Mai 1898 (Reichs-Gesetzbl. S. 713) hinterlegt, so ist der Aufgebotsantrag nicht vor dem Ablaufe von einunddreißig Jahren zulässig.

(2) Die einunddreißigjährige Frist beginnt:

1. in den Fällen der §§ 120, 121 mit dem Eintritte der Bedingung, unter welcher die Hinterlegung erfolgt ist; die Hinterlegungsstelle hat den Eintritt der Bedingung soweit tunlich zu ermitteln; ist der Eintritt der Bedingung nicht ermittelt, so beginnt die Frist mit der Einstellung oder der letzten Einstellung der Verzinsung;
2. in den übrigen Fällen mit dem Ende des Monats, in welchem hinterlegt ist.

1. Die in Abs. 1 angeführten Bestimmungen d. ZVG. betreffen die Fälle, in denen der Versteigerungserlös für den oder die Berechtigten zu hinterlegen ist. Nach § 142 d. ZVG. erlöschen die Rechte auf den hinterlegten Betrag mit dem Ablauf von 30 Jahren, wenn nicht der Empfangsberechtigte sich vorher bei der Hinterlegungsstelle meldet. Auch hier ist nach Art. 145 Abs. 1 Satz 2 d. EG.BGB. (Einleitung S. 37; vgl. § 11 Anm. 1 und § 28 Anm. 1) dem früheren Grundstückseigentümer noch ein Jahr zur Erhebung der Masse frei zu lassen. Daraus ergibt sich die 31jährige Frist.

2. Der Fristbeginn entspricht dem § 142 d. ZVG., der für die Fälle der §§ 120, 121 den Eintritt der Bedingung, im übrigen den Zeitpunkt der Hinterlegung für maßgebend erklärt. Ist der Eintritt der Bedingung (in § 121 vielfach der Tod des Berechtigten) nicht zu ermitteln, so kann doch immerhin angenommen werden, daß zur Zeit der Einstellung der Verzinsung auch die Be-

dingung eingetreten war, da sonst einer der Interessenten für deren Fortsetzung Sorge getragen haben würde. Diesen Erwägungen entspricht Abs. 2 Nr. 1 (vgl. a.HO. § 58b; Motive zum AG.BGB. S. 179, bei Stegemann, Materialien S. 117).

3. Auch hier läuft eine doppelte Frist (vgl. § 28 Anm. 2).

§ 30. Für das Verfahren ist das Amtsgericht zuständig, welches Hinterlegungsstelle ist oder in dessen Bezirke die Hinterlegungsstelle ihren Geschäftsraum hat.

1. Soweit nach § 2 d. AV. (§ 2 Anm. 3a) die Land- und Oberlandesgerichte Hinterlegungsstellen sind, entscheidet für die Zuständigkeit des Amtsgerichts die Lage ihres Geschäftsraums, so daß das Amtsgericht Berlin-Mitte in den Hinterlegungssachen des Landgerichts II Berlin, das Amtsgericht Berlin-Schöneberg in denen des Kammergerichts Aufgebotsgericht ist.

2. Das Aufgebotsverfahren richtet sich außer nach § 31 nach den §§ 946—959 d. ZPO.

§ 31. (1) Zu dem Antrag auf Erlaß des Aufgebots ist die Hinterlegungsstelle berechtigt.

(2) Zur Begründung des Antrags sollen beigebracht werden:

1. die Urschrift oder eine Abschrift des Hinterlegungsantrags oder Ersuchens oder, falls die Hinterlegung von Amts wegen angeordnet ist, der Anordnung;
2. ein Zeugnis der Behörde über den Tag, an welchem die Hinterlegung des Geldes bewirkt, sowie über den Tag, mit welchem die Verzinsung des Geldes eingestellt oder zuletzt eingestellt worden ist;
3. die bei der Hinterlegungsstelle angebrachten Anträge auf Fortsetzung der Verzinsung oder auf Auszahlung des Geldes oder ein Zeugnis der Behörde, daß solche Anträge nicht gestellt sind;

4. im Falle des § 28 Abs. 2 Nr. 1 ein Zeugnis der Behörde über den Tag, an welchem der Gläubiger die Anzeige von der Hinterlegung empfangen hat, oder darüber, daß die Anzeige untunlich war,

in den Fällen des § 28 Abs. 2 Nr. 2 das der Hinterlegungsstelle mitgeteilte Ausschlußurteil,

in den Fällen des § 29 Abs. 2 Nr. 1 ein Zeugnis der Behörde über den Tag, an welchem die Bedingung eingetreten ist, oder darüber, daß der Eintritt der Bedingung nicht hat ermittelt werden können.

1. Die Hinterlegungsstelle soll das Aufgebotsverfahren beantragen, wenn die Voraussetzungen dafür gegeben sind (AV. § 30 Abs. 2 Satz 2). Der Durchführung dieser Vorschrift dienen die §§ 30 Abs. 1, Abs. 2 Satz 1 und 56 Abs. 1 u. 2 d. AV. Die dort vorgeschriebene Mitteilung des Zeitpunktes, in dem der Aufgebotsantrag zulässig wird, kann regelmäßig mit der Annahmeverfügung erfolgen (10 und 20 Jahre).

2. Zu Nr. 1: Hinterlegung von Amts wegen vgl. § 4 Abs. 2 (Anm. 8), AV. § 17.

Zu Nr. 2: Die Behörde ist — ebenso in Nr. 3 u. 4 — die Hinterlegungsstelle. Wegen des Zeitpunkts der Bewirkung der Hinterlegung vgl. § 4 Anm. 7.

Zu Nr. 3: Anträge in Urschrift oder Abschrift. — Als Anträge auf Fortsetzung der Verzinsung sind nach § 25 d. AV. (§ 25 Anm. 3) auch die weiteren Einzahlungen zu derselben Masse anzusehen.

Zu Nr. 4 Abs. 1: Das Zeugnis kann auf Grund des nach § 11 vom Schuldner zu erbringenden Nachweises oder der durch die Hinterlegungsstelle selbst erfolgten Anzeige erteilt werden.

Zu Nr. 4 Abs. 2: Das Ausschlußurteil ist nach § 28 Abs. 2 Nr. 2 der Hinterlegungsstelle mitzuteilen.

Zu Nr. 4 Abs. 3: Vgl. § 29 Anm. 2.

§ 32. Als Rechtsnachteil ist anzudrohen, daß die Ausschließung der Beteiligten mit ihren Ansprüchen gegen die Staatskasse erfolgen werde.

1. Der Androhung gemäß ergeht das Ausschlußurteil dahin, daß die Beteiligten mit ihren Ansprüchen gegen die Staatskasse ausgeschlossen werden. Damit verfällt die hinterlegte Masse dem Staat.

2. Die Herausgabeansprüche erlöschen nur dann nicht, wenn sie angemeldet und nach § 953 d. ZPO. in dem Ausschlußurteil vorbehalten sind. Durch diesen Vorbehalt wird indessen die Begründetheit des angemeldeten Anspruchs nicht dargetan. Über ihn ist auf Grund des materiellen Rechts nach den allgemeinen Vorschriften, insbesondere den §§ 13 ff., zu befinden.

3. Über die Vereinnahmung und Verausgabung der durch Ausschlußurteil dem Staate verfallenen Massen bestimmen die §§ 37 Abs. 1 u. 2, 57 d. AB. das Nähere.

§ 33. (1) Beträgt das hinterlegte Geld weniger als dreihundert Mark, so bedarf es keines Aufgebotsverfahrens, wenn durch einen Beschluß der Hinterlegungsstelle festgestellt wird, daß die Voraussetzungen gegeben sind, unter denen die Einleitung des Aufgebotsverfahrens zulässig sein würde. Der Beschluß ist gemäß § 26 bekannt zu machen. Er hat nach dem Ablaufe von drei Monaten seit der Anheftung an die Gerichtstafel die Wirkungen, die das Ausschlußurteil haben würde. Ansprüche, die bis zum Ablaufe der Frist angemeldet sind, gelten als vorbehalten. Auf die Anfechtung des Beschlusses finden die Vorschriften der §§ 957 und 958 der Zivilprozeßordnung entsprechende Anwendung.

(2) Ist das hinterlegte Geld bis auf einen Rest von weniger als zehn Mark an Kapital oder Zinsen ausgezahlt, so erlöschen die Ansprüche der Beteiligten auf den Rest mit dem Ablaufe

von fünf Jahren seit der Auszahlung, wenn nicht inzwischen ein Antrag auf Auszahlung des Restes gestellt ist, anderenfalls mit dem Ablaufe von fünf Jahren seit der Stellung oder letzten Stellung eines solchen Antrags, in den Fällen der §§ 28, 29 jedoch nicht vor dem Zeitpunkt, in dem der Aufgebotsantrag gestellt werden kann.

1. Auch § 33 gilt unmittelbar nur für die Fälle, in denen Geld im Betrage von mindestens 100 ℳ hinterlegt ist (Vorbem. zu den §§ 27—39 Nr. 1a; § 27 Anm. 1).

2. Abs. 1 soll für kleinere Beträge das kostspielige Aufgebotsverfahren ausschalten.

a) Wie der Gegensatz zu Abs. 2 ergibt, sind die Zinsen in die 300 ℳ nicht einzurechnen.

b) Der Beschluß ergeht, wenn die Voraussetzungen der §§ 27 bis 29 gegeben sind.

c) Die Bekanntmachung erfolgt durch Anheftung an die Gerichtstafel, nach Ermessen der Hinterlegungsstelle auch durch Einrückung in ein öffentliches Blatt (§ 26 Abs. 1). Der Beschluß soll drei Monate angeheftet bleiben (§ 26 Abs. 3).

d) Der Beschluß wirkt wie ein Ausschlußurteil (§ 32 Anm. 1), wenn seit Beginn seiner Anheftung drei Monate verflossen sind, und zwar ohne Rücksicht darauf, ob die Anheftung auch wirklich drei Monate gedauert hat oder ob der Beschluß schon früher von der Gerichtstafel entfernt worden ist (§ 26 Anm. 4; vgl. auch ZPO. § 948). Die innerhalb der drei Monate angemeldeten Ansprüche gelten ohne weiteres als vorbehalten (§ 32 Anm. 2).

e) Vgl. AV. §§ 30 Abs. 2, 37 Abs. 1 u. 2, 56 Abs. 2, 57 Abs. 1.

3. Abs. 2 soll bei ganz geringen Beträgen die Erledigung noch weiter vereinfachen.

a) Die hinterlegte Masse einschließlich Zinsen muß sich auf weniger als 10 ℳ vermindert haben.

b) Die 5jährige Frist beginnt mit derjenigen Auszahlung, durch die der Restbetrag auf weniger als 10 ℳ gesunken ist. Sie beginnt von neuem mit jedem Antrage auf Auszahlung des Restes oder eines Teiles von ihm. Mit Rücksicht auf Art. 145 Abs. 1 Satz 2 d. EG.BGB. (Einleitung S. 37) ist die 31jährige Frist der §§ 28, 29 auch hier stets zu beobachten (Ber. II S. 33, 34).

c) Nach Ablauf der Frist bedarf es keines Beschlusses der Hinterlegungsstelle. Die Beträge verfallen dem Staate kraft Gesetzes. Die Hinterlegungsstelle hat nur für ihre Vereinnahmung zu sorgen (AV. §§ 30 Abs. 2, 37 Abs. 1 u. 2, 56 Abs. 3, 57 Abs. 1).

§ 34. Die Vorschriften der §§ 27 bis 33 finden auf Geld, dessen Betrag die Summe von einhundert Mark nicht erreicht oder das im Falle des § 8 nicht umgesetzt ist, sowie auf Wertpapiere und Kostbarkeiten entsprechende Anwendung, soweit sich nicht aus den §§ 35 bis 38 Abweichungen ergeben.

Die unmittelbar nur für die Hinterlegung von kassenmäßigem Gelde im Betrage von mindestens 100 ℳ geltenden §§ 27—33 (Vorbem. zu den §§ 27—33 Nr. 1a; § 27 Anm. 1) sind auf die übrigen Hinterlegungsfälle (mit Ausnahme der Hinterlegung von Urkunden: § 39) entsprechend anzuwenden. Daraus ergibt sich in Verbindung mit den §§ 35—38 folgendes:

1. § 27 wird ersetzt durch die §§ 35, 36.

2. §§ 28, 29: Die in ihnen vorgesehene 31jährige Frist ist auch hier zu beachten.

3. § 30 ist ohne weiteres anwendbar.

4. § 31: Das in Abs. 2 Satz 2 vorgesehene Zeugnis erstreckt sich in den Fällen des § 34 nur auf den Tag, an dem die Hinterlegung bewirkt ist. — In Abs. 2 Nr. 3 treten an die Stelle der Anträge auf Fortsetzung der Verzinsung oder auf Auszahlung des Geldes die Anträge auf Fortsetzung der Verwahrung oder auf Herausgabe (§ 35 Abs. 2, 3).

5. § 32 ist bei Geld unter 100 ℳ gegenstandslos, da bei ihm ein Aufgebot nach § 33 Abs. 1 nicht stattfindet. Bei den übrigen im § 34 genannten Gegenständen tritt an die Stelle des § 32 der § 37.

6. § 33: Seine Anwendbarkeit entscheidet sich, wenn nicht umgesetztes Geld, Wertpapiere und Kostbarkeiten hinterlegt sind, nach ihrem Werte zur Zeit des Eintritts der Voraussetzungen des Aufgebotsverfahrens. Abs. 2 kann für Wertpapiere in Betracht kommen, wenn etwa ein geringwertiger Zinsschein nicht abgefordert ist. — Abs. 2 findet auch dann Anwendung, wenn das hinterlegte Geld stets weniger als 10 ℳ betragen hat. Wenn § 33 Abs. 2 von dem Herabsinken einer anfänglich höheren Summe ausgeht, so erklärt sich das daraus, daß er in seinem ursprünglichen Zusammenhange nur Geld behandelt, das verzinst worden ist, also früher einmal mindestens 100 ℳ betragen haben muß. Der Zweck des Abs. 2 trifft aber auch auf die von Anfang an kleinen Hinterlegungen zu, so daß sich seine entsprechende Anwendung auf sie rechtfertigt.

§ 35. (1) Der Antrag auf Erlaß des Aufgebots oder die Fassung des im § 33 Abs. 1 bezeichneten Beschlusses ist, unbeschadet der Vorschriften der §§ 28 und 29, nach dem Ablaufe von dreißig Jahren seit dem Ende des Monats zulässig, in welchem die Hinterlegung erfolgt ist.

(2) Beantragt ein Beteiligter vor Ablauf der Frist unter dem Nachweise der Fortdauer der Veranlassung zur Hinterlegung die Fortsetzung der Verwahrung, so ist der Antrag auf Erlaß des Aufgebots oder die Fassung des im § 33 Abs. 1 bezeichneten Beschlusses erst zulässig mit Ablauf von zwanzig Jahren, vom Ende des Monats an gerechnet, in welchem der Antrag auf Fortsetzung der Verwahrung bei der Hinterlegungsstelle eingegangen ist. Vor der im Abs. 1 bestimmten Frist ist der Antrag auf Erlaß des Aufgebots oder die Fassung des im § 33 Abs. 1 bezeichneten Beschlusses nicht zulässig.

(3) Ist ein Antrag auf Herausgabe gestellt, so finden, auch wenn er nur Zins-, Renten-, Gewinnanteil- oder Erneuerungsscheine betrifft, die Vorschriften des Abs. 2 ent-

sprechende Anwendung, wenn anzunehmen ist, daß zur Zeit des Antrags die Veranlassung zur Hinterlegung noch fortdauerte.

1. Abs. 1: Die Frist ist die gleiche, wie sie sich für Geld im Betrage von mindestens 100 ℳ aus den §§ 27, 25 Abs. 1 ergibt (§ 27 Anm. 2).

2. Abs. 2 entspricht dem § 25 Abs. 2 u. 3. Während jedoch der Antrag auf Fortsetzung der Verzinsung bewirkt, daß bis zur Zulässigkeit des Aufgebots mindestens 30 Jahre (Verzinsungsfrist und die 20 Jahre des § 27) verstreichen müssen, laufen von dem Antrage auf Fortsetzung der Verwahrung an nur neue 20 Jahre. Es ist deshalb hervorgehoben, daß die 30 Jahre des Abs. 1 stets gewahrt werden müssen.

3. Abs. 3 entspricht dem § 25 Abs. 4.

4. Nach § 25 der AV. (vgl. § 25 Anm. 3) gilt auch hier eine weitere Hinterlegung in derselben Angelegenheit als Antrag auf Fortsetzung der Verwahrung im Sinne von Abs. 2.

§ 36. (1) Die Vorschriften des § 35 finden keine Anwendung, wenn auf Grund des § 1814 oder des § 1818 (§ 1667 Abs. 2 Satz 4, § 1915) des Bürgerlichen Gesetzbuchs oder in einer Lehns-, Familienfideikommiß- oder Stiftungssache hinterlegt ist.

(2) Der Antrag auf Erlaß des Aufgebots oder die Fassung des im § 33 Abs. 1 bezeichneten Beschlusses ist in diesen Fällen nach dem Ablaufe von zwanzig Jahren seit dem Ende des Monats zulässig, in welchem die elterliche Gewalt, die Vormundschaft oder die Pflegschaft oder die Eigenschaft der Sache als Vermögensstück des Familienfideikommisses, des Lehens oder der Stiftung aufgehört hat.

1. Die in Abs. 1 bezeichneten Hinterlegungen sind auf längere Dauer berechnet, so daß bei ihnen die 30jährige Frist des § 35 zu kurz sein könnte. Die auf 20 Jahre bemessene Aufgebotsfrist läuft

daher bei ihnen erst von dem in Abs. 2 näher bezeichneten Zeitpunkt ab, in dem der Hinterlegungsgrund wegfällt.

2. Diese Frist kann durch Anträge auf Fortsetzung der Verwahrung oder auf Herausgabe nicht unterbrochen werden, da die Veranlassung zur Hinterlegung ja schon vor ihrem Beginn fortgefallen ist (vgl. § 35 Abs. 2, 3).

3. Die Hinterlegungsstelle hat, wenn sie das Aufgebot beantragt, ein Zeugnis über den Zeitpunkt des Eintritts der in Abs. 2 bezeichneten Tatsachen beizubringen. Es folgt das aus den entsprechenden Vorschriften des § 31 Abs. 2 Nr. 2 ff.

4. Daß eine dem § 36 entsprechende Vorschrift für den Fall der Hinterlegung von verzinslichem Gelde nicht getroffen ist, erklärt sich daraus, daß Mündelgeld bei den Hinterlegungsstellen nicht angelegt werden kann (Einleitung S. 20), während in Lehns-, Familienfideikommiß- und Stiftungssachen die Verlängerung der Aufgebotsfrist durch den Antrag auf Fortsetzung der Verzinsung wohl in der überwiegenden Zahl von Fällen herbeigeführt werden wird.

§ 37. Bei Wertpapieren und Kostbarkeiten sowie im Falle des § 8 bei nicht umgesetztem Gelde ist als Rechtsnachteil anzudrohen, daß die Ausschließung der Beteiligten mit ihren Ansprüchen gegen die Staatskasse und mit ihren Rechten an den Sachen erfolgen werde.

Die in § 37 bezeichneten Gegenstände gehen mit der Hinterlegung nicht in das Eigentum des Staates über, sondern verbleiben dem bisherigen Eigentümer, wie auch etwaige Rechte an ihnen durch die Hinterlegung an sich nicht berührt werden (§ 8 Anm. 1; § 9). Eine Ausschließung der Beteiligten lediglich mit ihren Ansprüchen gegen die Staatskasse würde diese dinglichen Rechtsbeziehungen nicht berühren. Androhung und Urteil müssen daher auch die Ausschließung der Beteiligten mit ihren Rechten an den Sachen, zu denen insbesondere das Eigentum gehört, aussprechen.

§ 38. Mit der Verkündung des Ausschlußurteils und mit dem Erlaß eines ihm nach § 33 Abs. 1 gleichstehenden Beschlusses oder dem Eintritte der nach § 33 Abs. 2 gleich gestellten Tatsachen erlangt die Staatskasse die Befugnis zur freien Verfügung über die Sachen.

1. Neben die Ausschließung der Beteiligten mit ihren Ansprüchen gegen die Staatskasse und mit ihren Rechten an den Sachen tritt hier noch die positive Wirkung, daß die Staatskasse die Befugnis zur freien Verfügung über die Sachen erlangt. Sie wird also deren Eigentümerin (vgl. BGB. § 903).

2. Die Befugnis zur freien Verfügung über die Sachen, die die Staatskasse erhält, hat nicht für alle Wertpapiere die gleiche Bedeutung. Für die Wertpapiere, die lediglich nach sachenrechtlichen Grundsätzen übertragen werden, bei denen das Recht aus dem Papier dem Recht am Papier folgt, ergibt sich aus § 38, daß nicht bloß die Sache, sondern auch das in ihm verkörperte Recht dem Staate zufällt. Anders steht es dagegen mit den Papieren, zu deren Übertragung die sachenrechtlichen Formen nicht genügen. § 38 gewährt der Staatskasse nicht auch die freie Verfügung über das in einem solchen Papier verbriefte Recht. Sie kann es deshalb nicht weiterübertragen. Die Befugnis hierzu hätte der Staatskasse ausdrücklich eingeräumt werden müssen, wie z. B. § 822 d. ZPO. die Umschreibung von Namenspapieren in der Zwangsvollstreckung ausdrücklich regelt. — Nur die Inhaberpapiere sind in jeder Beziehung Sache. Über die in ihnen verkörperten Rechte kann die Staatskasse also nach dem Aufgebot frei verfügen. Die Inhaberpapiere sind deshalb nach § 37 Abs. 4 d. AV. zu veräußern. — Dagegen kann die Staatskasse z. B. beim Aufgebot eines hinterlegten Hypothekenbriefes die Hypothek nicht abtreten, beim Aufgebot eines hinterlegten Sparkassenbuchs die Forderung gegen die Sparkasse nicht einziehen, beim Aufgebot eines hinterlegten Wechsels ihn nicht indossieren. Bei den Wertpapieren, die nicht Inhaberpapiere sind, also den Order-, Rekta- und Legitimationspapieren, fällt der Staatskasse nur das

Eigentum an dem Papier zu. Das in ihm dargestellte Recht entzieht sich ihrer Verfügungsbefugnis. Sie kann es nicht übertragen oder einziehen. Das Papier als solches ist aber wertlos. Bei diesen Papieren kommt daher eine Verwertung durch Veräußerung nicht in Frage. Sie sind als wertlose Sachen nach § 37 Abs. 3 d. AV. zu vernichten.

3. Verfallene Kostbarkeiten werden freihändig veräußert oder versteigert (AV. § 37 Abs. 3).

§ 39. Das Recht auf Herausgabe von Urkunden, die nicht Wertpapiere sind, erlischt mit dem Zeitpunkt, in welchem bei Wertpapieren der Aufgebotsantrag zulässig werden würde.

1. Urkunden, die nicht Wertpapiere (§ 1 Anm. 3) sind, werden nicht aufgeboten. Vielmehr erlischt das Recht, ihre Herausgabe zu fordern, schon durch Zeitablauf, nämlich mit dem Zeitpunkt, in dem bei Wertpapieren das Aufgebot zulässig werden würde. Er bestimmt sich nach den §§ 35, 36.

2. Eine Feststellung des Eintritts dieses Zeitpunktes durch besonderen Beschluß ist nicht vorgesehen. Die Hinterlegungsstelle hat mit seinem Eintritt die Vernichtung der Urkunden anzuordnen (AV. § 37 Abs. 3 Satz 3).

Sechster Abschnitt.

Kosten.

§ 40. (1) Für die Verwahrung von Wertpapieren, sonstigen Urkunden, Kostbarkeiten und von nicht umgesetztem Gelde (§ 8) wird eine Verwahrungsgebühr erhoben, in anderen als Lehns-, Familienfideikommiß- und Stiftungssachen jedoch nur, soweit und sobald die Herausgabe erfolgt.

(2) Die Verwahrungsgebühr beträgt für jedes angefangene Rechnungsjahr:

1. bei einer Verwahrung von deutscher Reichsanleihe, preußischer Staatsanleihe, deutschen oder preußischen Schatzanweisungen fünfundzwanzig Pfennig für jede angefangenen eintausend Mark des Gesamtwerts;
2. bei einer Verwahrung von anderen Wertpapieren, Kostbarkeiten und von nicht umgesetztem Gelde (§ 8)
   a) wenn sie auf Grund des § 1814 oder des § 1818 (§ 1667 Abs. 2 Satz 4, § 1915) des Bürgerlichen Gesetzbuchs hinterlegt sind, dreißig Pfennig,
   b) wenn sie aus einem anderen Grunde hinterlegt sind, fünfzig Pfennig, bei Verwahrung von ausländischen Papieren fünfundsiebzig Pfennig für jede angefangenen eintausend Mark des Gesamtwerts;
3. bei einer Verwahrung von sonstigen Urkunden zwanzig Pfennig für jede Urkunde, jedoch höchstens zehn Mark.

(3) Werden Sachen der unter Ziffer 1, 2 und 3 bezeichneten Art gemeinsam hinterlegt, so wird nur eine Gebühr in Höhe der zusammenzurechnenden Gebührenbeträge erhoben.

(4) Hat eine Verwahrung sich auf zwei Rechnungsjahre erstreckt, im ganzen aber nicht länger als sechs Monate gedauert, so wird die Gebühr nur für ein Rechnungsjahr erhoben.

1. Bei der Hinterlegung von Geld hält sich der Staat für seine Mühewaltung dadurch schadlos, daß der Hinterlegungszinsfuß hinter dem üblichen Zinsfuß zurückbleibt. Für die Hinterlegung anderer Sachen ist — abweichend von dem bisherigen Zustande — eine Verwahrungsgebühr zu zahlen. — Beschwerden in Hinterlegungssachen als in Justizverwaltungsangelegenheiten (§ 3 Anm. 1) sind kostenfrei (Pr.GKG. § 144).

2. Die Fälligkeit der Verwahrungsgebühr tritt ein mit der Herausgabe, nicht schon mit Erlaß der Ausgabeverfügung. Doch kann die Herausgabe von der Kostenerstattung abhängig gemacht werden (§ 41 Nr. 3). — Bei den auf die Dauer berechneten Hinterlegungen in Lehns-, Familienfideikommiß- und Stiftungssachen wird die Gebühr am Schluß eines jeden Rechnungsjahrs fällig (§ 41 Nr. 6). Diese Vorschrift gilt — ebenso wie die Gebührensätze des § 40 — auch, soweit die Seehandlung Hinterlegungskasse ist (§ 2 Anm. 4b).

3. Der Begriff des Wertpapiers ist in den Kostenvorschriften der HO. enger als der allgemeine Wertpapierbegriff (§ 1 Anm. 3). Der Entwurf bestimmte in § 35 Abs. 2 Nr. 2, dem jetzigen § 40, die Gebühr für die Verwahrung von „anderen Wertpapieren (als den — wie jetzt — in Nr. 1 genannten), Sparkassenbüchern und Kostbarkeiten". Die Begründung (S. 26) hob hervor, daß Hypothekenbriefe zu den „sonstigen Urkunden" in Nr. 3 zu rechnen seien. Die Kommission des Abgeordnetenhauses (Ber. II S. 34, 35) strich dann in Nr. 2 das Wort „Sparkassenbücher", um auch sie der niedrigeren Gebühr in Nr. 3 teilhaftig werden zu lassen. Diese Umstände lassen nicht bezweifeln, daß für § 40 und damit auch für § 41 als Wertpapiere nur die Inhaber- und Orderpapiere in Betracht kommen, daß dagegen die Rektapapiere, die Karten und Marken des § 807 d. BGB. und die Legitimationspapiere des § 808 daselbst zu den „sonstigen Urkunden" zu zählen sind. — Diese Vorgänge bei der Entstehung des § 40 können übrigens nicht dazu führen, die Bedeutung des Wortes „Wertpapiere" auch in den sonstigen Bestimmungen der HO. einzuschränken. Daran hindert deren nahe Beziehung zum bürgerlichen Recht und seine Vorschriften.

4. Abs. 3 ist von Bedeutung für die Berechnung der Mindestgebühr und des Pauschsatzes (Pr.GKG. §§ 32, 114 Abs. 1 Satz 1 bis 3; vgl. HO. § 41).

5. Abs. 4. Die Verwahrung (nicht die Hinterlegung; vgl. § 4 Anm. 7) beginnt mit der Einlieferung, auch wenn diese der Annahmeverfügung vorhergeht. Das Rechnungsjahr (1. April bis 31. März), nicht das Kalenderjahr entscheidet.

§ 41. Auf die in Hinterlegungssachen zu erhebenden Kosten finden die Vorschriften der §§ 1 bis 5, 7 bis 21, des § 23, des § 24, des § 32, des § 112 Abs. 1 Ziffer 1 bis 4, 6 und Abs. 2, des § 113 und des § 114 Abs. 1 Satz 1 bis 3 und Abs. 2 des Preußischen Gerichtskostengesetzes vom 25. Juli 1910 (Gesetzsamml. S. 184) mit folgenden Maßgaben entsprechende Anwendung:

1. Zur Zahlung der Kosten ist auch der Empfangsberechtigte, an den oder für dessen Rechnung die Herausgabe verfügt ist, sowie derjenige verpflichtet, in dessen Interesse das die Hinterlegung veranlassende Ersuchen einer Behörde gestellt ist.
2. Die Kosten können der Masse entnommen werden, soweit diese in barem Gelde besteht.
3. Die Herausgabe der hinterlegten Sachen kann von der Erstattung der Kosten abhängig gemacht werden.
4. Kosten sind nicht zu erheben oder, sofern sie erhoben sind, zu erstatten, wenn auf Grund des § 117 der Strafprozeßordnung hinterlegt ist und der Untersuchungsgefangene demnächst rechtskräftig außer Verfolgung gesetzt oder freigesprochen oder das Verfahren gegen ihn eingestellt wird; ist der Verfall der Sicherheit rechtskräftig ausgesprochen, so werden bereits erhobene Kosten nicht erstattet.
5. Die im § 40 bestimmte Gebühr, einschließlich des Pauschsatzes und der Schreibgebühren, bleibt außer Ansatz, wenn auf Grund des § 1814 oder des § 1818 (§ 1667 Abs. 2 Satz 4, § 1915) des Bürgerlichen Gesetzbuchs hinterlegt ist und es sich um eine minderjährige, geisteskranke, geistesschwache oder gebrechliche Person handelt, deren reines Vermögen eintausend Mark nicht übersteigt.

6. Die Gebühr für die Verwahrung der in Lehns-, Familienfideikommiß- oder Stiftungssachen hinterlegten Sachen wird am Schlusse eines jeden Rechnungsjahrs fällig.
7. Die Verjährung des Anspruchs auf Zahlung der Kosten hindert die Hinterlegungskasse nicht, sich auf dem unter Ziffer 2 und 3 bezeichneten Wege zu befriedigen.
8. Als Wert des Gegenstandes gilt für Wertpapiere mit Nennbetrag dieser, für Kostbarkeiten, die auf Grund des § 9 Abs. 2 abgeschätzt sind, der dabei ermittelte Betrag.
9. Über Erinnerungen des Zahlungspflichtigen gegen den Ansatz von Kosten entscheidet die Hinterlegungsstelle.
10. An baren Auslagen werden außer den im § 112 Abs. 1 Ziffer 1 bis 4 und 6, § 113 und § 114 des Preußischen Gerichtskostengesetzes bezeichneten Beträgen erhoben:
    a) die Kosten der Umsetzung nicht kassenmäßigen Geldes (§ 8);
    b) die mit einer Auszahlung hinterlegter Gelder oder mit einer Herausgabe anderer Sachen verbundenen Postgebühren;
    c) Schreibgebühren für Abschriften, die anzufertigen sind, weil ein Antrag auf Annahme oder Herausgabe nicht in der erforderlichen Zahl von Stücken vorgelegt ist;
    d) die an Banken oder sonstige Geschäfte für die Besorgung der im § 10 Abs. 2 und 4 bezeichneten Handlungen zu zahlenden besonderen Beträge;

e) die Einrückungsgebühren eines von der Hinterlegungsstelle beantragten Aufgebotsverfahrens, soweit erst durch dieses ein Empfangsberechtigter ermittelt wird.

1. Der Vorschrift des § 41 bedurfte es, da das Pr.GKG. nach seinem § 144 auf die Hinterlegungsangelegenheiten als Sachen der Justizverwaltung an sich nicht anwendbar sein würde. Die Begr. S. 26, 27 führt zu dieser Übertragung eines Teils der Bestimmungen des Pr.GKG. auf die Verwahrungsgebühr folgendes aus: „Soweit in diesen Vorschriften das Gericht genannt ist, wie z. B. in § 10 Abs. 2 und § 14 GKG., folgt aus der entsprechenden Anwendung, daß die Hinterlegungsstelle an Stelle des Gerichts tritt. Soweit nur Teile der Vorschriften für das Hinterlegungswesen von Bedeutung sind, wie z. B. aus § 3 GKG. nur der die Kosten der Sicherung eines Nachlasses durch Hinterlegung betreffende Teil, folgt aus der entsprechenden Anwendung, daß nur diese Teile in Betracht kommen. Auch sonst ermöglicht der Grundsatz der entsprechenden Anwendbarkeit Folgerungen aus dem GKG., die für die Kostenberechnung in Hinterlegungssachen nach deren Natur ungeeignet sind, abzulehnen und zu einem der Billigkeit und dem Zwecke entsprechenden Ergebnisse zu gelangen ... Daß eine Anzahl Vorschriften des GKG. nicht für anwendbar erklärt sind, erklärt sich teils daraus, daß sie ihrem Inhalt nach andere Gegenstände voraussetzen, teils daraus, daß sie durch andere Vorschriften ersetzt werden. So mußten namentlich die Vorschriften in den §§ 26 bis 28 d. GKG. ausgeschlossen werden, weil die Beschwerde gegen die Entscheidungen der Hinterlegungsstellen schon im § 3 geregelt ist und weil die Befugnis der Aufsichtsbehörden, derartige Entscheidungen über Wertsfestsetzungen und Erinnerungen gegen den Kostenansatz von Amts wegen zu ändern, sich aus der Natur des Hinterlegungswesens als Verwaltungsangelegenheit ergibt."

2. Nr. 1 ergänzt den § 1 d. Pr.GKG.

Nr. 3. Vgl. § 40 Anm. 2.

Nr. 4 beruht auf Billigkeitsrücksichten.

Nr. 5 entspricht dem § 95 Abs. 2 d. Pr.GKG.

Nr. 6. Vgl. § 40 Anm. 2.

Nr. 8 ändert die §§ 20, 21 d. Pr.GKG. zwecks Vereinfachung der Wertfestsetzung. Wertpapiere: Vgl. § 40 Anm. 3. Bei Papieren, deren Nennwert in ausländischer Währung ausgedrückt ist, ist er in Reichswährung umzurechnen.

Nr. 10b. Vgl. § 24.

Nr. 10c. Die Schreibgebühr ist auch dann zu erheben, wenn der Annahmeantrag zu Protokoll des Gerichtsschreibers erklärt wird (Ber. II S. 36). Für den Herausgabeantrag ist die Vorschrift ohne Bedeutung, da er nur in einem Stück einzureichen ist (AV. § 27 im Gegensatz zu § 6 Abs. 1).

§ 42. Für die gerichtliche oder notarielle Beglaubigung von Unterschriften einer Bewilligung der Herausgabe, eines Anerkenntnisses der Empfangsberechtigung, eines Antrags auf Herausgabe oder auf Übersendung hinterlegter Sachen durch die Post ist eine Gebühr von drei Mark zu entrichten, sofern nicht die im § 43 Abs. 1 des Preußischen Gerichtskostengesetzes vom 25. Juli 1910 (Gesetzsamml. S. 184) bestimmte Gebühr geringer ist. In diesem Falle ist die geringere Gebühr zu erheben.

1. Die Bestimmung tritt an die Stelle des § 35 Abs. 2 Satz 2 d. a.HO. und des § 43 Abs. 2 d. Pr.GKG. Diese Vorschriften bezogen sich nur auf Gesuche um Übersendung hinterlegter Gegenstände im Werte von mehr als 3000 ℳ durch die Post (a.HO. § 25 Abs. 2). § 42 dagegen betrifft sämtliche bei der Herausgabe in Betracht kommende Erklärungen der Beteiligten.

2. Zu den 3 ℳ tritt nach § 41 in Verbindung mit § 114 d. Pr.GKG. ein Pauschsatz von 50 ₰. Der Betrag von 3,50 ℳ ist daher bei der Vergleichung mit den Sätzen des § 43 Abs. 1 d. Pr.GKG., denen gleichfalls der Pauschsatz zuzurechnen ist, zu-

grunde zu legen (vgl. Ber. II S. 36; Mügel, Pr.GKG. § 43 Anm. 7 und Tabelle V). Bis zum Betrage von 8200 ℳ einschließlich (bei gleichzeitiger Beglaubigung von mehr als vier Unterschriften bis zum Betrage von 3400 ℳ einschließlich) sind die Sätze des zit. § 43 Abs. 1 niedriger.

3. Werden die in § 42 aufgeführten Erklärungen zu Protokoll des Gerichtsschreibers abgegeben, so sind sie als Angelegenheiten der Justizverwaltung kostenfrei (Ber. II S. 31).

§ 43. Die Tarifstelle Nr. 77 des Landesstempelsteuergesetzes in der Fassung vom 30. Juni 1909 (Gesetzsamml. S. 535) wird dahin geändert:

1. Der Abs. 2 wird aufgehoben.
2. Der Abs. 3f erhält folgende Fassung:

   Beglaubigungen von Unterschriften der Anträge auf Herausgabe hinterlegter Sachen, der Bewilligungen der Herausgabe, der Anerkenntnisse der Berechtigung zum Empfang oder der Anträge auf Übersendung solcher Sachen durch die Post sowie Beurkundungen der Gerichtsvollzieher nach § 5 der Hinterlegungsordnung.

Nr. 1. Die Beurkundungen der Gerichtsvollzieher über Aufgabe von Geld zur Post (a.HO. § 17) waren bisher mit einem Stempel von 50 ₰ belastet. Dieser fällt jetzt weg. Die auf Grund des § 5 durch die Gerichtsvollzieher erfolgenden Beurkundungen sind sämtlich stempelfrei (Nr. 2).

Nr. 2. Die Befreiung von dem Zeugnisstempel der TSt. 77 (3 ℳ) bezog sich bisher nur auf die Beglaubigung von Unterschriften der Gesuche um Übersendung hinterlegter Gegenstände durch die Post. Jetzt sind auch die Herausgabeanträge, die Bewilligungen und Anerkenntnisse des § 14 Abs. 1 Satz 1 und die Beurkundungen nach § 5 stempelfrei. — Die Beglaubigung von Handzeichen steht der von Unterschriften gleich (Ber. II S. 37).

Siebenter Abschnitt.

Schlußbestimmungen.

§ 44. Der Artikel 85 des Ausführungsgesetzes zum Bürgerlichen Gesetzbuche bleibt unberührt. Auf die Hinterlegung bei den darin bezeichneten Stellen findet dieses Gesetz keine Anwendung.

Vgl. § 2 Anm. 3b.

§ 45. Die Verantwortlichkeit des Staates auf Grund des § 1 des Gesetzes über die Haftung des Staates und anderer Verbände für Amtspflichtverletzungen von Beamten bei Ausübung der öffentlichen Gewalt vom 1. August 1909 (Gesetzsamml. S. 691) wird durch die Vorschriften dieses Gesetzes nicht berührt.

Vgl. Vorbem. zu den §§ 27—39 Nr. 2b; § 10 Anm. 5; § 20 Anm. 5a; § 23 Anm. 2.

§ 46. Die §§ 1 bis 89 der Hinterlegungsordnung vom 14. März 1879 (Gesetzsamml. S. 249) und die an ihre Stelle getretenen gesetzlichen Vorschriften werden, soweit sie nicht schon außer Kraft getreten sind, unbeschadet der Übergangsbestimmungen aufgehoben. Soweit in den Gesetzen auf diese Vorschriften verwiesen ist, treten an deren Stelle die entsprechenden Vorschriften dieses Gesetzes.

1. Die nicht aufgehobenen Paragraphen der a.HO. enthalten die damaligen Übergangsbestimmungen.

2. Soweit in Gesetzen auf Vorschriften der a.HO. verwiesen ist, die in die neue HO. nicht aufgenommen sind, vielmehr in den AV. ihren Platz gefunden haben, ist die frühere Verweisung auf

das Gesetz jetzt auf die AV. zu beziehen (Ber. I S. 45). Z. B. tritt an die Stelle der in Art. 11 Abs. 1 d. AG.ZVG. angezogenen §§ 25, 26 d. a.HO. § 54 Abs. 1 d. AV., so daß also die Übersendung des Versteigerungserlöses an den nicht erschienenen Berechtigten stets zu erfolgen hat, es sei denn, daß er etwas anderes beantragt hat.

§ 47. (1) Der Zeitpunkt, in welchem dieses Gesetz in Kraft tritt, wird durch Königliche Verordnung bestimmt.

(2) Die zuständigen Minister werden mit der Ausführung des Gesetzes, insbesondere auch mit der Einrichtung der Hinterlegungsbehörden, der Bestimmung der Hinterlegungskassen, der Regelung des Verfahrens, dem Erlasse von Vorschriften über die Form und den Inhalt der Anträge auf Annahme und Herausgabe von Sachen und dem Erlasse der Übergangsbestimmungen beauftragt.

1. Durch Kgl. V. v. 2. Februar 1914 (GS. 9) ist der Zeitpunkt des Inkrafttretens der HO. auf den 1. April 1914 bestimmt.

2. Die Ausführungsvorschriften des Justizministers v. 5. Februar 1914 (JMBl. 115) sind S. 115 ff. abgedruckt.

3. Die Übergangsbestimmungen des Justizministers und des Finanzministers v. 5. Februar 1914 (JMBl. 145) sind S. 151 ff. abgedruckt. Zu ihnen ist zu bemerken:

Die am 1. April 1914 bereits anhängigen Hinterlegungen verbleiben bei den bisherigen Hinterlegungsstellen noch bis zum 30. September 1914. Alle Auszahlungsanträge in ihnen sind bis dahin an die Regierungen zu richten. Auch weitere Einzahlungen zu den alten Hinterlegungen (vgl. § 4 Anm. 6a) erfolgen bei letzteren. Gelangen freilich Einzahlungen zu alten Sachen an die Amtsgerichte, so sollen diese sie nicht zurückweisen, sondern sie an die Regierungen abgeben. Erst mit dem 1. Oktober 1914 gehen die bis dahin noch nicht durch Auszahlung erledigten alten Sachen auf die Amtsgerichte über. — Alle neuen Hinterlegungen dagegen haben vom 1. April 1914 an bei den Amtsgerichten zu erfolgen. Mit diesem Tage wandeln sich auch die vorläufigen Verwahrungen in Hinterlegungen um. Sie werden von den Amtsgerichten ohne weiteres als solche fortgeführt. — Schon mit dem 1. April 1914 vollständig auf die neuen Stellen übergeleitet werden die Hinterlegungen in Lehns-, Familienfideikommiß- und Stiftungssachen, soweit die Seehandlung Hinterlegungskasse ist (vgl. § 2 Anm. 4 b).

Ausführungsvorschriften zur Hinterlegungsordnung.

Allgemeine Verfügung vom 5. Februar 1914 zur Ausführung der Hinterlegungsordnung vom 21. April 1913.

(JMBl. S. 115.)

I. Allgemeine Bestimmungen.

Hinterlegungsstellen.

§ 1. 1. Die in den Allgemeinen Verfügungen vom 17. und 18. Dezember 1899 (JMBl. S. 805) als Hinterlegungsstellen bestimmten Anstalten bleiben Hinterlegungsstellen für die Hinterlegung von Wertpapieren in den dort bezeichneten Fällen (HO. § 44; AG. BGB. Art. 85). Den Vormündern und sonstigen Beteiligten steht es daher jederzeit frei, in den Fällen der §§ 1082, 1392, 1667, 1814, 1818, 2116 BGB. Wertpapiere auch bei ihnen zu hinterlegen.

2. Auf die Hinterlegung bei diesen Anstalten sind die Ausführungsvorschriften nicht anzuwenden.

§ 2. Auf Grund des § 2 Abs. 2 der Hinterlegungsordnung werden für Lehns-, Familienfideikommiß- und Stiftungssachen die Oberlandesgerichte und die Landgerichte als Hinterlegungsstellen bestimmt, insoweit sie Lehnshöfe sind oder die Aufsicht über das Familienfideikommiß oder die Stiftung führen oder die Stiftung verwalten.

§ 3. 1. Im übrigen sind die Amtsgerichte Hinterlegungsstellen (HO. § 2 Abs. 1).

2. Bei den mit mehreren Richtern besetzten Amtsgerichten bestimmt der Landgerichtspräsident einen oder mehrere Richter zur Bearbeitung der Hinterlegungssachen.

3. Der Landgerichtspräsindent kann die Verfügung über Anträge und Ersuchen auf Annahme zur Hinterlegung (HO. § 4 Abs. 1) sowie über die Annahme zur Hinterlegung von Amts wegen (HO. § 4 Abs. 2) bestimmten Gerichtsschreibern übertragen, die nicht mit der Erledigung von Kassengeschäften oder der Verwahrung von Urkunden (§ 23) befaßt sind. Auf Grund dieser Übertragung hat der Gerichtsschreiber auch die aus den §§ 5 bis 15, 18, 19 und 21 sich ergebenden Geschäfte der Hinterlegungsstelle zu erledigen. Will der Gerichtsschreiber die Annahme ablehnen oder nach § 15 Abs. 3 die Rücksendung der bereits eingelieferten Sache anordnen, so hat der Richter zu entscheiden. Die in Satz 1 und 2 bezeichneten Geschäfte treten denen hinzu, zu deren Erledigung nur solche Personen verwendet werden sollen, die die Befähigung für das Gerichtsschreiberamt besitzen. Mit der Vorbereitung der sonst ergehenden Verfügungen und Entscheidungen kann der Landgerichtspräsident nach Maßgabe der Allgemeinen Verfügung vom 9. November 1910 (JMBl. S. 393) die Gerichtsschreiber betrauen.

4. Bei dem Amtsgerichte Berlin-Mitte tritt an die Stelle des Landgerichtspräsidenten der Amtsgerichtspräsident.

Hinterlegungskassen.

§ 4. 1. Hinterlegungskasse für die Hinterlegung in Lehns- und Familienfideikommißsachen ist die Seehandlung (Preußische Staatsbank); auf sie sind die in den folgenden Vorschriften für die Hinterlegungskassen getroffenen Bestimmungen nicht anzuwenden.

2. Für die Hinterlegung in Stiftungssachen kann der Oberlandesgerichtspräsident das gleiche anordnen.

3. Im übrigen ist Hinterlegungskasse, soweit ein Amtsgericht Hinterlegungsstelle ist, die Gerichtskasse, soweit ein

Landgericht Hinterlegungsstelle ist, die Gerichtskasse, welche die Kassengeschäfte des Landgerichts wahrnimmt, soweit ein Oberlandesgericht Hinterlegungsstelle ist, die Justizhauptkasse.

Ablieferung an eine andere Hinterlegungskasse.

§ 5. 1. Soweit die Räume und Einrichtungen von Gerichtskassen zur Verwahrung der hinterlegten Wertpapiere und Kostbarkeiten nicht ausreichen oder nicht die nötige Sicherheit bieten oder soweit bei ihnen die ordnungsmäßige Erledigung einzelner der in § 48 aufgeführten Geschäfte nicht gewährleistet ist, haben die Hinterlegungsstellen nach näherer Bestimmung der Oberlandesgerichtspräsidenten die Ablieferung der hinterlegten Wertpapiere und Kostbarkeiten an die Justizhauptkasse anzuordnen. Die Oberlandesgerichtspräsidenten haben die Gerichtskassen, von denen eine solche Ablieferung zu erfolgen hat, einzeln zu bezeichnen. Sie können die Ablieferung auf den Fall beschränken, daß der Wert der hinterlegten Massen einen gewissen Betrag überschreitet. Sie können anordnen, daß an die Stelle der Justizhauptkasse eine andere Gerichtskasse tritt. Aus einem wichtigen Grunde, insbesondere wegen der Höhe des Wertes der hinterlegten Massen, kann die Hinterlegungsstelle im Einzelfall auch ohne Bestimmung des Oberlandesgerichtspräsidenten die Ablieferung anordnen, es sei denn, daß die Gerichtskasse mit einem Rendanten und einem Kontrolleur im Hauptamte besetzt ist.

2. Die Hinterlegungsstelle hat bei den nicht mit einem Rendanten und einem Kontrolleur im Hauptamte besetzten Gerichtskassen die Ablieferung der hinterlegten Wertpapiere an die Justizhauptkasse oder an die vom Oberlandesgerichtspräsidenten an deren Stelle bestimmte Gerichtskasse anzuordnen, wenn die Hinterlegung drei Monate gedauert hat oder wenn anzunehmen ist, daß sie länger als drei Monate dauern wird. Die Ablieferung unterbleibt:

1. wenn ohne weiteres erkennbar ist, daß in der Masse sich kein Wertpapier befindet, das auslosbar oder kündbar ist;

2. wenn die Unterscheidungsmerkmale, nach denen die Auslosung und Kündigung der in der Masse befindlichen auslosbaren oder kündbaren deutschen Wertpapiere überwacht werden, z. B. Gattung, Jahrgang, Serie, Buchstabe, Nummer, Nennbetrag, Zinssatz, ohne erhebliche Schwierigkeiten zweifelsfrei bezeichnet werden können.

3. Ergeben sich bei der Verwaltung von hinterlegten Wertpapieren Barbeträge, die nicht an den Berechtigten ausgezahlt werden, so sind sie bei der Gerichtskasse der Hinterlegungsstelle (§ 4 Abs. 3) zu vereinnahmen, auch wenn die Wertpapiere an eine andere Hinterlegungskasse abgeliefert sind.

II. Annahme.

Annahmeantrag.

§ 6. 1. Der Antrag auf Annahme ist schriftlich zu stellen; er soll in zwei Stücken eingereicht werden.

2. Ist ein unrichtiger oder unvollständiger Antrag eingegangen, so hat die Hinterlegungsstelle auf die Berichtigung oder Vervollständigung hinzuwirken.

3. Der Gerichtsschreiber der Hinterlegungsstelle und die Beamten der Hinterlegungskasse haben dem persönlich erscheinenden Antragsteller bei der Abfassung behilflich zu sein. Änderungen und Ergänzungen sind mit Zustimmung des Antragstellers auch ohne ausdrückliches Verlangen von dem den Antrag entgegennehmenden Beamten selbst zu bewirken. Derartige Änderungen oder Ergänzungen sind aber vom Antragsteller auf dem Hinterlegungsantrag als richtig anzuerkennen.

4. Wird ein Antrag zurückgewiesen, so ist die Entscheidung schriftlich zu erlassen und zu begründen.

§ 7. 1. Der Antrag soll enthalten:

a) den Namen, Stand und Wohnort (Wohnung) des Hinterlegers und, falls ein Vertreter hinterlegt, auch den Namen, Stand und Wohnort des Vertreters;

b) die bestimmte Angabe der Tatsachen, welche die Hinterlegung rechtfertigen, insbesondere die Angabe der Sache, der Behörde und des Aktenzeichens, wenn die Angelegenheit, in der hinterlegt wird, bei einer Behörde anhängig ist;

c) bei Hinterlegung von Geld den Betrag und, falls nicht kassenmäßiges Geld hinterlegt wird, die Geldsorten;

d) bei Hinterlegung von Wertpapieren:
   1. Gattung, Jahrgang, Nummer, Nennbetrag und etwa sonst vorhandene Unterscheidungsmerkmale,
   2. Angaben über die zu den Wertpapieren etwa gehörigen Erneuerungs-, Zins-, Renten- oder Gewinnanteilscheine; werden Scheine hinterlegt, die zu bereits hinterlegten Wertpapieren gehören, so soll auf den wegen der Wertpapiere selbst angebrachten Antrag hingewiesen werden;

e) bei Hinterlegung von sonstigen Urkunden die genaue Bezeichnung und den etwa angegebenen Wertbetrag;

f) bei Hinterlegung von Kostbarkeiten Gattung, Stoff und etwa sonst vorhandene Unterscheidungsmerkmale sowie den Wert.

Die Markbeträge sind in dem Antrag in Ziffern und in Buchstaben anzugeben.

2. In dem Antrage sind, soweit tunlich, die Personen, an die der hinterlegte Gegenstand herausgegeben werden soll, nach Name, Stand und Wohnort zu bezeichnen.

3. Bei weiteren Hinterlegungen in derselben Angelegenheit kann auf den ersten Antrag Bezug genommen werden.

§ 8. Wird zur Befreiung eines Schuldners von seiner Verbindlichkeit hinterlegt, so ist in dem Antrage der Gläubiger, für den hinterlegt wird, zu bezeichnen oder anzugeben, warum der Schuldner seine Verbindlichkeit nicht oder nicht mit Sicherheit erfüllen kann. Wird das Recht des Gläubigers zum Empfange des hinterlegten Gegenstandes von der Bewirkung einer Gegenleistung abhängig gemacht, so ist die Gegenleistung anzugeben.

§ 9. In den Fällen der §§ 1171, 1269 des Bürgerlichen Gesetzbuchs ist dem Antrag auf Annahme der Nachweis beizufügen, daß das Aufgebotsverfahren eingeleitet ist.

§ 10. Ist der Hinterleger durch die zuständige Behörde zur Hinterlegung für berechtigt oder verpflichtet erklärt, so ist dem Antrage die Entscheidung oder Anordnung in Ausfertigung oder Abschrift beizufügen. Geht die Entscheidung oder Anordnung von dem Gericht aus, das zugleich Hinterlegungsstelle ist, so genügt die Bezugnahme auf die Akten. Bei weiteren Hinterlegungen in derselben Angelegenheit kann auf die Anlagen des ersten Antrags Bezug genommen werden.

Annahmeverfügung.

§ 11. 1. Die Annahmeverfügung ist der Hinterlegungskasse urschriftlich unter Beifügung der beiden Stücke des Antrags zu erteilen. Sie kann auf den Antrag gesetzt werden.

2. Sind die Voraussetzungen für eine Ablieferung von Wertpapieren oder Kostbarkeiten (§ 5) schon bei Erlaß der Annahmeverfügung gegeben, so ist die Annahmeverfügung der Hinterlegungskasse zu erteilen, an welche die hinterlegten Gegenstände abzuliefern sind, und zwar in Reinschrift statt in Urschrift.

Benachrichtigung des Antragstellers.

§ 12. 1. Der Gerichtsschreiber hat den Antragsteller oder die ersuchende Behörde von dem Erlasse der Annahmeverfügung zu benachrichtigen, sofern nicht bereits gemäß § 15 eingeliefert ist.

2. Bei dieser Nachricht ist die Kasse zu bezeichnen, bei

der einzuliefern ist. Dies ist die Kasse, der die Annahmeverfügung erteilt wird (§ 11). Im Falle des § 11 Abs. 2 ist der Antragsteller darauf hinzuweisen, daß, wenn er aus besonderen Gründen die Einlieferung bei der Gerichtskasse der Hinterlegungsstelle vorziehe, auch diese zur Empfangnahme ermächtigt sei. Der Antragsteller (die Behörde) ist zu ersuchen, mit der zu hinterlegenden Sache die Nachricht einzuliefern.

3. Der Antragsteller ist, falls nicht bereits gemäß § 15 eingeliefert ist, zugleich aufzufordern, die zu hinterlegende Sache binnen einer bestimmten Frist einzuliefern, widrigenfalls der Antrag als zurückgenommen behandelt werde. Wird nicht innerhalb der Frist eingeliefert, so hat die Kasse die Annahmeverfügung der Hinterlegungsstelle zurückzureichen.

Einlieferung.

§ 13. 1. Der Hinterleger hat die zu hinterlegende Sache der ihm bezeichneten Kasse unmittelbar zu übergeben oder ihr durch die Post portofrei einzusenden.

2. Ist die Kasse an den Reichsbankgiroverkehr angeschlossen, oder hat sie ein Postscheckkonto, so kann Geld auch auf das Girokonto oder das Postscheckkonto der Kasse eingezahlt werden; bei Zahlungsleistung mittels Zahlkarte sind die im Postscheckverkehr mit der Kasse vorgeschriebenen Zahlgebühren beizufügen. Auf die Möglichkeit dieser Einzahlungen ist in den Nachrichten (§ 12 Abs. 2) in der für den Verkehr mit den Gerichtskassen vorgeschriebenen Form hinzuweisen.

3. Kostbarkeiten sollen in einem zu ihrer Versendung geeigneten Behältnis eingeliefert werden.

§ 14. Ist bei einer anderen Hinterlegungskasse als der Gerichtskasse der Hinterlegungsstelle einzuliefern (§ 12 Abs. 2, § 11 Abs. 2), und liefert der Hinterleger dennoch bei dieser ein, so darf sie die Annahme nicht ablehnen. Sie hat in diesem Falle die eingelieferte Sache in die Verwahrungsliste (Kass.-

Ordn. § 47 Abs. 2) einzutragen, dem Einlieferer einen Empfangsschein zu erteilen und ihm zugleich die Kasse zu bezeichnen, von der ihm der Hinterlegungsschein zugehen wird. Die hinterlegte Sache hat sie unverzüglich an die Kasse abzuliefern, bei der nach der miteingelieferten Nachricht von dem Erlasse der Annahmeverfügung eingeliefert werden sollte. Die Kasse hat neben der der Hinterlegungsstelle zu erteilenden Nachricht deren Gerichtskasse einen Empfangsschein unter genauer Bezeichnung der eingesandten Sachen, gegebenenfalls mit Angabe der Zinsscheine usw., zu erteilen.

Einlieferung vor dem Erlaß einer Annahmeverfügung.

§ 15. 1. Bei der Gerichtskasse der Hinterlegungsstelle kann auch eingeliefert werden, bevor eine Annahmeverfügung vorliegt; in diesem Falle ist die eingelieferte Sache in die Verwahrungsliste (Kass.Ordn. § 47 Abs. 2) einzutragen, dem Einlieferer ein Empfangsschein zu erteilen und die Einlieferung der Hinterlegungsstelle unverzüglich anzuzeigen.

2. Bei der Einlieferung soll die Annahme beantragt werden; geschieht das nicht, so hat die Hinterlegungsstelle dem Einlieferer zur Stellung des Antrags eine Frist unter der Androhung zu bestimmen, daß nach Ablauf der Frist die eingelieferten Sachen portopflichtig zurückgesandt werden. Entspricht der Antrag nicht den Anforderungen, und wird er deshalb zur Vervollständigung zurückgegeben, so ist dem Einlieferer in gleicher Weise eine Frist zu setzen.

3. Die Rücksendung hat die Hinterlegungsstelle anzuordnen.

4. Die Annahmeverfügung ist im Falle des § 11 Abs. 2 von der Hinterlegungsstelle ihrer Gerichtskasse auszuantworten, die nach § 14 Satz 3 zu verfahren und statt des Begleitschreibens die Annahmeverfügung der Sendung beizufügen hat. Für die Hinterlegungskasse, an die die Sachen abgeliefert werden, gilt § 14 Satz 4.

Beurkundung der Aufgabe zur Post.

§ 16. Die von dem Gerichtsvollzieher auf Grund des § 5 der Hinterlegungsordnung ausgestellte Urkunde soll enthalten:

1. die Angabe, wann, bei welcher Postanstalt und unter welcher Aufschrift die Sendung aufgegeben ist;
2. Angaben über die Art der Verpackung und den Verschluß der Sendung;
3. eine Abschrift des nach § 6 an die Hinterlegungsstelle gerichteten Antrags;
4. die Angabe des Inhalts der Sendung. Insbesondere sind bei Geld der Betrag und die Geldsorten, bei Wertpapieren Gattung, Jahrgang, Nummer, Nennbetrag und etwa sonst vorhandene Unterscheidungsmerkmale sowie die etwa beigefügten Erneuerungs-, Zins-, Renten- oder Gewinnanteilscheine, bei sonstigen Urkunden deren genaue Bezeichnung und der etwaige Wertbetrag, bei Kostbarkeiten Gattung, Stoff und etwa sonst vorhandene Unterscheidungsmerkmale anzugeben. Ist die Sendung in dem Antrage hinreichend bezeichnet, so genügt die Bezugnahme auf den Antrag. Wird Geld durch Einzahlung bei der Post abgesandt, so ist an Stelle der unter 2 und 4 vorgeschriebenen Bezeichnungen nur die Summe anzugeben.

Hinterlegungen von Amts wegen.

§ 17. 1. Die Vorsitzenden der Strafkammern, die Untersuchungsrichter, die Staatsanwaltschaften und die Amtsanwaltschaften können die Amtsgerichte ersuchen, Gegenstände der im § 4 Abs. 2 der Hinterlegungsordnung bezeichneten Art, die in Strafsachen als Beweismittel für die Untersuchung von Bedeutung sein können oder der Einziehung unterliegen, in Gewahrsam zu nehmen. Die gleiche Befugnis steht zu:

1. den Gefängnisvorstehern, wenn einem Gefangenen Gegenstände der im § 4 Abs. 2 der Hinterlegungsordnung bezeichneten Art abgenommen sind,
2. allen Justizbehörden, wenn Gegenstände dieser Art in ihren Geschäftsräumen gefunden sind oder sich unter den Voraussetzungen des § 983 BGB. in ihrem Besitze befinden. Auch der Versteigerungserlös aus diesen Sachen kann ebenso behandelt werden.

2. Das weitere Verfahren regelt sich nach § 4 Abs. 2 der Hinterlegungsordnung.

3. Sollen Münzen und Wertzeichen unverändert aufbewahrt werden, so ist in dem Ersuchen darauf hinzuweisen. Das Amtsgericht hat diese Sachen als Kostbarkeiten zu hinterlegen.

III. Verwahrung.

Umsetzung von nicht kassenmäßigem Gelde.

§ 18. Von der Befugnis des § 8 Abs. 2 der Hinterlegungsordnung, Geld in kassenmäßiges umzusetzen, ist nur Gebrauch zu machen, wenn dies von einem Beteiligten beantragt wird und alle übrigen Beteiligten sich damit einverstanden erklärt haben, oder wenn das Geld zur Befreiung eines Schuldners von seiner Verbindlichkeit hinterlegt ist (BGB. § 372).

Abschätzung von Kostbarkeiten.

§ 19. Von der Befugnis, Kostbarkeiten durch einen Sachverständigen abschätzen oder zur Feststellung ihrer Beschaffenheit besichtigen zu lassen (HO. § 9 Abs. 2), soll die Hinterlegungsstelle nur Gebrauch machen, wenn besondere Umstände es als zweckmäßig erscheinen lassen und nicht unverhältnismäßig hohe Kosten erwachsen.

Umwandlung hinterlegter Massen.

§ 20. Mit Zustimmung der Beteiligten hat die Hinterlegungsstelle auf Antrag eines von ihnen anzuordnen, daß hinterlegte Wertpapiere verkauft werden und daß hinterlegtes Geld zum Ankaufe von Wertpapieren verwendet wird.

Aufforderungen und Anzeigen nach § 11 der Hinterlegungsordnung.

§ 21. 1. Die Aufforderung gemäß § 11 der Hinterlegungsordnung soll an den Schuldner alsbald gerichtet werden; die Anzeige an den Gläubiger kann bis zum Ablauf eines Jahres seit der Hinterlegung ausgesetzt bleiben.

2. Die Aufforderung und die Anzeige sind nach den für das Verwaltungszwangsverfahren geltenden Vorschriften bekanntzumachen.

Abgabe der Hinterlegung.

§ 22. 1. Von jeder Abgabe einer Hinterlegung hat der Gerichtsschreiber der abgebenden Hinterlegungsstelle die Beteiligten zu benachrichtigen.

2. Im Falle der Abgabe sind auch die hinterlegten Gelder der neuen Hinterlegungskasse zu überweisen.

Verwahrung von Urkunden, die nicht Inhaberpapiere usw. sind.

§ 23. 1. Die Verwahrung von anderen Urkunden als Wertpapieren auf den Inhaber und solchen Papieren, auf welche die Zahlung dem Inhaber geleistet werden kann, soll von der Hinterlegungsstelle der Gerichtsschreiberei und, wenn ein Landgericht oder ein Oberlandesgericht Hinterlegungsstelle ist, der Gerichtsschreiberei des Amtsgerichts, in dessen Bezirke das Landgericht oder Oberlandesgericht seinen Geschäftsraum hat, übertragen werden. Von der Übertragung ist abzusehen, wenn besondere Umstände die Verwahrung bei der Hinterlegungskasse als zweckmäßig erscheinen lassen, insbesondere wenn die Urkunden zugleich mit solchen Urkunden eingeliefert werden, die bei der Hinterlegungskasse zu verwahren sind.

2. Die Annahmeverfügung ist dem Gerichtsschreiber in Urschrift, wenn aber ein Landgericht oder ein Oberlandes-

gericht Hinterlegungsstelle ist, in Reinschrift unter Beifügung der beiden Stücke des Antrags zu erteilen. Die Urkunde ist bei dem Amtsgericht einzuliefern, auch wenn ein Landgericht oder ein Oberlandesgericht Hinterlegungsstelle ist. In diesem Falle ist das Amtsgericht bei der Nachricht von dem Erlasse der Annahmeverfügung zu bezeichnen. Wird eingeliefert, bevor eine Annahmeverfügung vorliegt, so ist diese der Hinterlegungskasse zu übermitteln, welche die Urkunde nebst der Annahmeverfügung an die Gerichtsschreiberei des Amtsgerichts abgibt.

3. Wird zur Befreiung eines Schuldners von seiner Verbindlichkeit hinterlegt, so hat die Hinterlegungsstelle dem Gerichtsschreiber den Tag zu bezeichnen, an dem der Gläubiger die im § 374 Abs. 2 des Bürgerlichen Gesetzbuchs vorgeschriebene Anzeige von der Hinterlegung empfangen hat (HO. § 11).

4. Die Ausgabeverfügung ist dem Gerichtsschreiber in Urschrift, wenn aber ein Landgericht oder ein Oberlandesgericht Hinterlegungsstelle ist, oder wenn es bei einem größeren Amtsgericht aus Zweckmäßigkeitsgründen von dem aufsichtführenden Amtsrichter angeordnet ist, in Reinschrift zu erteilen. Die Ausgabeverfügung muß die Nummer des Verwahrungsbuchs, die Urkunde und den Empfangsberechtigten genau bezeichnen und die Art der Herausgabe (§ 54 Abs. 2 und 3) angeben. Ist eine Urkunde an einen Beamten des Amtsgerichts zu einem vorübergehenden Gebrauche herauszugeben, so sind in der Ausgabeverfügung der Zweck der Herausgabe und die Frist für die Rückgabe anzugeben. Eine von dem Empfänger mit der Empfangsbescheinigung zu versehende beglaubigte Abschrift der Verfügung ist dem mit der Verwahrung der Urkunde bauftragten Gerichtsschreiber auszuhändigen.

5. Die Verwahrung der Urkunden und das dabei zu beobachtende Verfahren regeln sich nach den in der Geschäftsordnung für die Gerichtsschreibereien der Amtsgerichte getroffenen besonderen Bestimmungen.

IV. Verzinsung, Einstellung der Verzinsung und Aufgebot.

Verzinsung.

§ 24. 1. Für die Zinsberechnung (HO. § 7 Abs. 2 Satz 3 und Abs. 3) gilt die Hinterlegung als bewirkt, sobald die Annahmeverfügung erlassen und der Betrag bei der Hinterlegungskasse eingegangen ist.

2. Setzt sich eine Masse aus mehreren zu verschiedenen Zeiten eingezahlten Beträgen zusammen, so werden sie für die Zinspflicht zusammengerechnet. Für die Zinsberechnung (HO. § 7 Abs. 2 Satz 3 und Abs. 3) ist der Zeitpunkt maßgebend, in dem der hinterlegte Gesamtbetrag 100 *M* erreicht. Die Verzinsung der später zu einer Masse hinzutretenden Beträge tritt ohne Einhaltung einer neuen dreimonatigen Frist ein, sobald der Grundbetrag verzinslich geworden ist.

3. Die Verzinsung wird dadurch nicht ausgeschlossen, daß ein gesetzlicher Grund zur Hinterlegung nicht vorgelegen hat.

Einstellung der Verzinsung, Beginn der Aufgebotsfrist.

§ 25. Erfolgt zu einer bereits vorhandenen Masse eine weitere Hinterlegung, so ist diese als Antrag auf Fortsetzung der Verzinsung, in den Fällen des § 34 der Hinterlegungsordnung als Antrag auf Fortsetzung der Verwahrung anzusehen. Durch sie ist im Zweifel die Fortdauer der Veranlassung zur Hinterlegung für die gesamte hinterlegte Masse dargetan. Die für Einstellung der Verzinsung maßgebende Frist beginnt demnach für die ganze Masse von neuem mit dem ersten Tage des auf jede Hinterlegung folgenden Kalendermonats. Wenn die Hinterlegungskasse den Wert der von ihr oder einer anderen Kasse der Justizverwaltung eingelösten Zinsscheine bei einer Masse vereinnahmt, so wird dadurch die für die Einstellung der Verzinsung und die Zulässigkeit des Aufgebots maßgebende Frist nicht verlängert.

Verzeichnis der Massen, bei denen die Einstellung der Verzinsung bevorsteht.

§ 26. 1. In das nach § 26 der Hinterlegungsordnung bekanntzumachende Verzeichnis der Massen, bei welchen im Laufe des nächsten Vierteljahrs die Verzinsung einzustellen ist, sind aufzunehmen:

1. laufende Nummer,
2. Name, Stand und Wohnort des Hinterlegers,
3. die etwa in dem Antrage bezeichneten Personen, an die der hinterlegte Betrag herausgezahlt werden soll, nach Name, Stand und Wohnort,
4. die bestimmte Angabe der Tatsachen, welche die Hinterlegung rechtfertigen und, falls die Angelegenheit, in der hinterlegt ist, bei einer Behörde anhängig ist, die Bezeichnung der Sache und der Behörde,
5. der hinterlegte Betrag,
6. der Tag der bevorstehenden Einstellung der Verzinsung.

2. Der Gerichtsschreiber der Hinterlegungsstelle hat das Verzeichnis unter Benutzung der Mitteilung der Hinterlegungskasse (§ 55) aufzustellen. Nach Ablauf der Frist des § 26 Abs. 3 der Hinterlegungsordnung verfügt die Hinterlegungsstelle die Einstellung der Verzinsung.

3. Wird die bevorstehende Einstellung der Verzinsung aus besonderen Gründen durch Einrückung in ein öffentliches Blatt bekannt gemacht, so ist die Bekanntmachung möglichst kurz zu fassen. Die mit höheren Druckkosten verbundene tabellarische Form ist zu vermeiden.

V. Beendigung der Hinterlegung.

Herausgabeantrag.

§ 27. 1. Der Antrag auf Herausgabe ist schriftlich zu stellen. Im übrigen sind die Vorschriften des § 6 Abs. 2 bis 4 entsprechend anzuwenden.

2. Befindet sich der Nachweis der Empfangsberechtigung bei Akten des Gerichts, das zugleich Hinterlegungsstelle ist, so genügt die Bezugnahme auf diese Akten.

3. Werden Urkunden, die zum Nachweise der Berechtigung des Empfängers eingereicht sind, zurückgegeben, so sind für die Akten beglaubigte Abschriften anzufertigen. In geeigneten Fällen ist statt der Abschrift ein kurzer von dem Gerichtsschreiber zu unterzeichnender Vermerk zu den Akten zu nehmen. Dies gilt insbesondere, wenn eine Urteilsausfertigung zurückzugeben ist.

Ausgabeverfügung.

§ 28. 1. Die Ausgabeverfügung ist der Kasse in Reinschrift zu erteilen. Soweit die Verfügung auf der Bewilligung der Herausgabe durch die Beteiligten, dem Anerkenntnisse der Empfangsberechtigung durch sie, auf einer rechtskräftigen Entscheidung oder auf der Anordnung oder dem Ersuchen einer Behörde beruht, ist dies hervorzuheben. Einer weiteren Begründung bedarf die Verfügung nicht.

2. Bei Barmassen ist, wenn der Herausgabe kein Hindernis entgegensteht, vor Erlaß der Ausgabeverfügung der Herausgabeantrag der Hinterlegungskasse zur Angabe des Kapitalbestandes und des Zinsenguthabens vorzulegen. In der Verfügung ist sodann anzugeben, inwieweit aus dem Kapitalbestand und aus dem Zinsenguthaben zu zahlen ist. Diese Vorschriften finden keine Anwendung, wenn nach den Hinterlegungsakten Veränderungen der Masse nicht eingetreten und Zinsen nicht zu berechnen sind.

3. Der Gerichtsschreiber hat den Antragsteller (die ersuchende Behörde) und den Empfänger von dem Erlasse der Verfügung zu benachrichtigen. In der Nachricht sind die Art der Herausgabe (§ 54) und die Kasse zu bezeichnen.

4. Ergeben sich Bedenken gegen die Ausführung der Ausgabeverfügung, so hat die Kasse unverzüglich die Hinterlegungsstelle zu benachrichtigen. Dasselbe gilt, wenn die

Ausgabeverfügung nicht ausgeführt werden kann, weil der Empfänger die Annahme verweigert, oder weil die Sendung als unbestellbar zurückkommt. Im Falle des Satzes 2 hat die Hinterlegungsstelle nach § 4 Abs. 2 der Hinterlegungsordnung zu verfahren.

Mitteilungen nach § 16 der HO.

§ 29. Die im § 16 der Hinterlegungsordnung bezeichneten Mitteilungen, z. B. von Abtretungen, Konkurseröffnungen, sind unverzüglich der Kasse vorzulegen und von dieser in ihren Büchern zu vermerken. Die Erledigung ist der Kasse gleichfalls mitzuteilen.

Verfall der Massen.

§ 30. 1. Sobald der Zeitpunkt feststeht, in dem der Antrag auf Erlaß des Aufgebots zulässig wird, hat ihn die Hinterlegungsstelle der Kasse mitzuteilen. Dasselbe gilt, wenn sich der Zeitpunkt nachträglich ändert.

2. Der Gerichtsschreiber der Hinterlegungsstelle hat die dieser nach § 56 Abs. 2 zugehenden Verzeichnisse an der Hand der Akten nachzuprüfen. Sind die Voraussetzungen für den Erlaß des Aufgebots gegeben, so hat die Hinterlegungsstelle ihn zu beantragen. Entsprechend ist in den Fällen des § 33 der Hinterlegungsordnung zu verfahren.

3. Der Erlaß des Aufgebots kann für mehrere Massen gemeinschaftlich beantragt werden.

4. Für das Aufgebot einer Masse, die bei einem Amtsgerichte hinterlegt ist, bedarf es nicht der Anfertigung einer Abschrift von den im § 31 Abs. 2 der Hinterlegungsordnung bezeichneten Schriftstücken; es genügt vielmehr, auf die Hinterlegungsakten Bezug zu nehmen.

VI. Geschäftsgang bei den Hinterlegungsstellen.

Beschleunigung des Verfahrens.

§ 31. Die Hinterlegungsangelegenheiten sind ausnahmslos als schleunige Sachen zu behandeln.

Dienststunden, Akteneinsicht.

§ 32. 1. Anträge auf Annahme und Herausgabe können während der gewöhnlichen Dienststunden gestellt werden.

2. Die Einsicht der Hinterlegungsakten kann den Beteiligten gestattet werden. Die Entscheidung trifft der Gerichtsschreiber; in zweifelhaften Fällen hat er die Entscheidung des Richters einzuholen.

Akten.

§ 33. Mit den die Hinterlegung betreffenden Schriftstücken sind Blattsammlungen anzulegen, die in ein nach Muster 1*) zu führendes Aktenregister für Hinterlegungen einzutragen sind. Die Eintragung geschieht beim Eingang des Annahmeantrags. Bei einer weiteren Hinterlegung in derselben Angelegenheit erfolgt eine Neueintragung in das Aktenregister nicht. Zur Bildung des Aktenzeichens werden die Buchstaben H L verwendet.

Aktenregister.

§ 34. Das Aktenregister ist jahrgangsweise zu führen. Dazu ist ein mehrere Jahrgänge umfassendes alphabetisches Massen- (Namen-) Verzeichnis zu halten (§ 35). Bei Hinterlegungsstellen mit erheblichem Geschäftsumfange kann nach Bedürfnis das Aktenregister nach der Buchstabenfolge in Abteilungen geführt werden. Eines besonderen Massen- (Namen-) Verzeichnisses bedarf es dann nicht. Das Aktenzeichen wird in diesen Fällen durch die Buchstaben H L unter Beifügung des Buchstabens und der Nummer der Abteilung gebildet, z. B. H L B 40/14.

Bezeichnung der Masse.

§ 35. 1. Jede Masse erhält eine besondere Bezeichnung. Diese bestimmt sich:

---

*) Die Muster, die nur für den inneren Dienst Bedeutung haben, sind hier nicht abgedruckt.

a) wenn es sich um Hinterlegung in einer bei Gericht oder einer anderen Behörde anhängigen Angelegenheit handelt, nach der Bezeichnung der Sache,
b) bei der Hinterlegung zur Befreiung eines Schuldners von seiner Verbindlichkeit nach dem Namen des Gläubigers, für den hinterlegt wird,
c) bei der Hinterlegung auf Grund des § 52 des Bürgerlichen Gesetzbuchs, der §§ 301 und 320 Abs. 3 des Handelsgesetzbuchs, des § 73 des Gesetzes, betreffend die Gesellschaften mit beschränkter Haftung und des § 90 des Genossenschaftsgesetzes nach dem Namen des Vereins, der Aktiengesellschaft, der Kommanditgesellschaft auf Aktien, der Gesellschaft mit beschränkter Haftung und der Genossenschaft,
d) bei der Hinterlegung von Inhaberpapieren, die zum eingebrachten Gute der Ehefrau (§§ 1392, 1525, 1550 BGB.), und von Wertpapieren und Kostbarkeiten, die zum Mündelvermögen (§§ 1814, 1818 BGB.) gehören, nach dem Namen der Personen, für welche die Sachen hinterlegt sind,
e) bei der Hinterlegung von Grund- und Nutzungsentschädigung auf Grund der §§ 8, 9, 142, 144 und 146 des Allgemeinen Berggesetzes und des § 37 des Enteignungsgesetzes, nach dem Namen des (früheren) Grundeigentümers,
f) in anderen Fällen (vergl. jedoch § 36) nach dem Namen des Hinterlegers.

2. Wird eine anhängige Sache durch die Namen sich gegenüberstehender Parteien bezeichnet, so ist für die Eintragung in das alphabetische Massen- (Namen-) Verzeichnis oder für die Buchstabenfolge im Aktenregister der Name des Beklagten, Schuldners usw. maßgebend.

3. Die §§ 33 bis 35 finden auf die Hinterlegung in Lehns-, Familienfideikommiß- und Stiftungssachen keine Anwendung.

Akten über Mietzinsmassen usw.

§ 36. 1. Die Hinterlegung von Mietzinsen eines Grundstücks gilt als eine Angelegenheit (§ 33). Die Masse wird nach dem Namen des Vermieters bezeichnet (§ 35). Den Akten ist, sofern zu einer Masse mehr als 5 Mietzinsbeträge hinterlegt werden, ein Verzeichnis der Mietzinsbeträge beizulegen. Das Verzeichnis hat die Bezeichnung der Masse und folgende Spalten zu enthalten: laufende Nummer, Band und Blatt der Akten, Name des Mieters, Mietzins für die Zeit von ... bis ..., Betrag der hinterlegten Summe ... ℳ .. Pf., davon sind ausgezahlt .. ℳ .. Pf., die die Auszahlung betreffenden Stücke befinden sich Band und Blatt der Akten, Angabe der Gläubiger, für welche hinterlegt ist. Das Verzeichnis ist in einen besonderen Umschlag zu heften und unter der Hülle des letzten Aktenbandes aufzubewahren.

2. Über Mietzinsmassen kann ein mehrere Jahrgänge umfassendes Grundstücksverzeichnis nach der Bezeichnung und der Nummer der Straße gehalten werden. Die Eintragungen in dieses Verzeichnis sind nach Ausschüttung der Masse zu löschen.

3. Werden Mietzinsen bei einer anderen Hinterlegungsstelle hinterlegt als derjenigen, in deren Bezirke das vermietete Grundstück liegt, so ist die Hinterlegung an diese Stelle abzugeben (HO. § 12). Einer Anfrage, ob die neue Stelle zur Übernahme bereit ist, bedarf es in diesem Falle nicht.

4. Die Vorschrift im Abs. 1 ist in anderen ähnlichen Fällen entsprechend anzuwenden, insbesondere:

a) wenn gepfändete Gehalts- und Pensionsbeträge hinterlegt werden,
b) bei den im § 35 Abs. 1 c bezeichneten Hinterlegungen,
c) bei Hinterlegungen auf Grund der Konkursordnung,
d) bei Hinterlegungen auf Grund des § 117 Abs. 2, der §§ 120, 121, 124, 126, 135 bis 144 und 157 des Zwangsversteigerungsgesetzes.

Vereinnahmung und Verausgabung verfallener Massen.

§ 37. 1. Nach Verkündung des Ausschlußurteils oder beim Vorliegen eines ihm nach § 33 Abs. 1 der Hinterlegungsordnung gleichstehenden Beschlusses oder mit dem Eintritte der in § 33 Abs. 2 der Hinterlegungsordnung bezeichneten Tatsachen sind die Barmassen bei dem Fonds „Rückzahlungen von hinterlegten Geldern" und „Auszahlungen von Zinsen hinterlegter Gelder" zu verausgaben und bei dem Fonds „Sonstige Einnahmen" zu vereinnahmen (Etatsvorschriften §§ 17, 21 Abs. 5). Bei letzterem Fonds ist auch der Erlös aus dem Verkaufe der dem Staate verfallenen Wertpapiere und Kostbarkeiten in Einnahme nachzuweisen. Bei einem Vorbehalte von Rechten ist die Verausgabung und Vereinnahmung erst nach endgültiger Entscheidung über das angemeldete Recht anzuordnen.

2. Für mehrere Barmassen kann eine gemeinschaftliche Anordnung ergehen. Im übrigen ist die Verausgabung und Vereinnahmung für jede Masse besonders anzuordnen. Die Anordnungen sind in Urschrift der Kasse zuzufertigen; zu den Hinterlegungsakten sind Vermerke zu geben.

3. Die verfallenen Kostbarkeiten sind durch Versteigerung nach vorheriger Bekanntmachung oder, wenn es vorteilhafter ist, durch freihändigen Verkauf zu veräußern, Gold- und Silbersachen jedoch nicht unter dem Metallwerte. Nötigenfalls sind sie vor dem Verkaufe durch einen Sachverständigen abzuschätzen. Wertlose Sachen sowie Urkunden, die nicht Wertpapiere sind, sind zu vernichten.

4. Wertpapiere sind durch Vermittelung der Seehandlung (Preußischen Staatsbank) zu verkaufen.

VII. Geschäftsgang bei den Kassen.

Zahlstunden.

§ 38. Die zu hinterlegenden Sachen sind während der gewöhnlichen Dienststunden anzunehmen. Die Herausgabe kann auf die für den Geldverkehr festgesetzten Dienststunden beschränkt werden; in diesen Fällen sind in der Nachricht von der Ausgabeverfügung die Zahlstunden mitzuteilen, soweit die Sachen nicht alsbald durch die Post übersandt werden.

Annahmebücher.

§ 39. 1. Die zu hinterlegenden Gelder sind beim Eingang in das Annahmebuch A (Muster 2) einzutragen. Das Buch ist in Jahresheften zu führen und monatlich abzuschließen. In das Einahmebuch der Justizhauptkasse sind nur die Tagessummen, in das Einnahmebuch und in das Gegenbuch zum Einnahmebuche der Gerichtskasse nur die Monatssummen einzustellen. Am Jahresschluß ist eine Zusammenstellung der monatlichen Abschlüsse zu fertigen.

2. Die zu hinterlegenden Wertpapiere, sonstigen Urkunden und Kostbarkeiten sind beim Eingang in das Annahmebuch B (Muster 3) einzutragen. Nicht kassenmäßiges Geld, das unverändert aufbewahrt wird, ist gleich Kostbarkeiten zu behandeln.

3. Die ohne die Wertpapiere eingehenden Zins-, Renten-, Gewinnanteil- und Erneuerungsscheine sind zwar einzutragen, jedoch ist ein Wert nicht auszuwerfen.

4. Das Annahmebuch B ist durch das ganze Etatsjahr fortlaufend zu führen. Der Wert des am Jahresschlusse verbleibenden Bestandes ist im Annahmebuche für das neue Etatsjahr in Einnahme vorzutragen.

5. In die Annahmebücher ist jeder Posten auch dann einzeln einzutragen, wenn die Gelder und Sachen durch das Posteingangsbuch laufen.

6. Bei der Justizhauptkasse führt der Kassierer das Annahmebuch A, der Rendant das Annahmebuch B, bei den übrigen Kassen führt der Rendant beide Bücher.

7. Die Beamten, denen die Führung der Hinterlegungsbücher (§ 40) obliegt, haben am Schlusse eines jeden Tages, an dem Eingänge stattgefunden haben, in den Annahme-

büchern die Richtigkeit der Buchungen nachzuprüfen und in Spalte Bemerkungen durch Namensschrift zu bestätigen, und zwar im Annahmebuch A durch Wiederholung der Tagessumme in Buchstaben. Die Bestimmung gilt nicht für die kleinen Gerichtskassen (Kass.Ordn. § 95).

Hinterlegungsbücher, Wertpapierbuch.

§ 40. 1. Über die Barmassen wird das Hinterlegungsbuch A (Muster 4), über die sonstigen Massen das Hinterlegungsbuch B (Muster 5) geführt. Zu jedem Hinterlegungsbuch ist ein alphabetisches Verzeichnis der Massen (§ 35) zu halten.

2. Die beiden Bücher führt bei der Gerichtskasse der Kontrolleur, bei der Justizhauptkasse ein Buchhalter.

3. Die hinterlegten Wertpapiere, sonstigen Urkunden und Kostbarkeiten werden von dem mit der Führung des Hinterlegungsbuchs B betrauten Beamten in einem besonderen Buche (Muster 6) verzeichnet. Nach Bedürfnis ist darin der Abschnitt für Wertpapiere in weitere Unterabschnitte zu zerlegen, z. B. innerhalb der in alphabetischer Ordnung folgenden Gattungen kann gesondert werden nach dem Nennwerte, nach dem Zinssatze, nach Jahrgängen usw. Für jeden Abschnitt oder für jeden Unterabschnitt kann ein besonderes Heft angelegt werden. Der Kassenkurator kann anordnen, daß bei kleinen Kassen die Führung dieses Buches unterbleibt.

4. Daneben kann, soweit es nach dem Geschäftsumfange zweckmäßig ist, zur leichteren Überwachung der Auslosung oder Kündigung von Wertpapieren noch ein alphabetisches Sonderverzeichnis der der Auslosung oder Kündigung unterliegenden Wertpapiere gehalten werden. In dieses sind bei den Justizhauptkassen und den an ihre Stelle tretenden Gerichtskassen auch die Wertpapiere aufzunehmen, die in den nach § 46 Abs. 5 übersandten Verzeichnissen aufgeführt sind. Verausgabte Papiere sind im Wertpapierbuch, in dem Auslosungsverzeichnis und in den nach § 46 Abs. 5 übersandten Verzeichnissen zu löschen.

5. Die Hinterlegungsbücher sind so anzulegen, daß sie für eine Reihe von Jahren benutzt werden können; je zwei gegenüberstehende Seiten erhalten eine durch den ganzen Band fortlaufende Seitenzahl. Für jede Masse ist ein besonderes Konto anzulegen; die Bezeichnung der Masse und das Aktenzeichen, bei Wertpapieren und Kostbarkeiten, die die Gerichtskasse der Hinterlegungsstelle nach § 5 an eine andere Hinterlegungskasse abgeliefert hat, auch die Hinterlegungsstelle, sind dem Konto über beide Seiten des Buches hinweg voranzusetzen. Eine Seite kann für mehrere Massen verwendet werden. Doch ist darauf zu achten, daß auf einer Seite immer nur eine, und zwar die letzte Masse offen steht. Soweit nötig, sind für eine Masse mehrere Seiten vorzubehalten. Nach Erledigung einer Masse ist das Konto durch einen über beide Seiten hinweggehenden Strich abzuschließen. Im Hinterlegungsbuche B sind ferner Eintragungen, welche nicht mehr gelten, rot zu durchstreichen.

6. Ein abgeschlossenes Konto darf, auch wenn in der gleichen Angelegenheit weitere Hinterlegungen erforderlich werden sollten, nicht fortgesetzt werden, vielmehr ist ein neues Konto anzulegen.

Ausgabeverzeichnis und Ausgabebuch.

§ 41. 1. Über die Ausgaben an Hinterlegungsgeldern wird ein Ausgabeverzeichnis (Muster 7) in Monatsheften geführt (Kass.Ordn. § 76 Abs. 2).

2. Lautet die Ausgabeverfügung auf mehrere Empfänger und findet die Ausgabe nicht gleichzeitig statt, so ist der Beleg zu der ersten Nummer zu nehmen; bei jeder Nummer ist auf die andere in Spalte Bemerkungen zu verweisen. Ist eine solche Ausgabeverfügung bis zum 31. März einschließlich nicht gänzlich ausgeführt, so ist vom Rendanten und Kassierer, bei den Gerichtskassen vom Rendanten und Kontrolleur auf der Verfügung zu bescheinigen, daß und in welcher Höhe sie nur hat ausgeführt werden können. Im neuen Etats-

jahr ist auf Grund einer von den bezeichneten Beamten zu beglaubigenden Abschrift der Verfügung weiter zu zahlen; die Abschrift muß eine besonders unterzeichnete Bescheinigung der genannten Beamten darüber enthalten, was gezahlt ist, und welcher Betrag noch zu zahlen bleibt.

3. Das Ausgabeverzeichnis führt bei der Gerichtskasse der Rendant, bei der Justizhauptkasse der Kassierer.

4. Über die Ausgaben an hinterlegten Wertpapieren, sonstigen Urkunden und Kostbarkeiten führt der Rendant ein Ausgabebuch (Muster 8) fortlaufend durch das ganze Etatsjahr.

5. Die ohne die Wertpapiere herausgehenden Zins-, Renten-, Gewinnanteil- und Erneuerungsscheine sind zwar einzutragen, jedoch ist ein Wert nicht auszuwerfen.

6. Am Jahresschluß ist die Gesamtjahresausgabe durch Aufrechnen der einzelnen Spalten festzustellen und im Annahmebuche B von der Gesamteinnahme abzusetzen.

7. Der Beamte, dem die Führung des Hinterlegungsbuchs B obliegt, hat am Schlusse eines jeden Tages, an welchem eine Ausgabe stattgefunden hat, im Ausgabebuche die Richtigkeit der Buchungen nachzuprüfen und in Spalte Bemerkungen durch Namensschrift zu bestätigen. Die Bestimmung gilt nicht für die kleinen Gerichtskassen (Kass.Ordn. § 95).

Hinterlegungsschein.

§ 42. 1. Die Kasse hat dem Hinterleger auf einem Stück oder einer Abschrift des Antrags die Annahme zur Hinterlegung zu bescheinigen. Wird Geld durch Überweisung auf das Reichsbankgirokonto oder das Postscheckkonto der Kasse eingezahlt, so darf der Schein erst erteilt werden, wenn die Kasse durch die Reichsbank oder das Postscheckamt von der Gutschrift des Geldes benachrichtigt worden ist.

2. Ist die Annahmeverfügung der Kasse in Urschrift vorgelegt worden, so ist sie, nachdem darauf die vorgenommenen Buchungen vermerkt sind, nebst einem Stücke des Antrags, auf dem kurz die Hinterlegung bescheinigt ist, an die

Hinterlegungsstelle zurückzugeben. In den anderen Fällen hat die Kasse der Hinterlegungsstelle von der Annahme unter Beifügung eines Stückes des Antrags Nachricht zu geben.

Pfändungen, Arreste usw.

§ 43. Pfändungen, Arreste usw. sind in den Hinterlegungsbüchern zu vermerken. Im Falle der Erledigung ist der Vermerk rot zu unterstreichen.

Zinsberechnung.

§ 44. 1. Die Zinsen sind im Hinterlegungsbuch A nach Anleitung des Musters bei Massen, deren Bestand unverändert bleibt, am Schlusse des Etatsjahrs oder bei der etwa früher erfolgenden Ausschüttung der Masse anzuschreiben, falls die Masse bis dahin verzinslich geworden ist (Abs. 4). Mit dem Anschreiben ist im Laufe des Jahres zu beginnen, wenn anzunehmen ist, daß eine Masse verzinslich wird und über den Jahresschluß hinaus hinterlegt bleibt. Bei den übrigen Massen sind die Zinsen vom ersten Tage des auf die Hinterlegung folgenden Monats bis zum Schlusse des laufenden Etatsjahrs anzuschreiben, sobald eine Veränderung des Massenbestandes eintritt und die Masse zur Zeit der Veränderung bereits verzinslich ist; sie sind bei einer Auszahlung zum entsprechenden Betrage wieder abzuschreiben.

2. Bei der Zinsenberechnung werden Pfennigbruchteile von ½ und mehr für einen Pfennig, von weniger als ½ nicht gerechnet.

3. Am Schlusse eines jeden Etatsjahrs wird jede Masse abgeschlossen; das sich dabei ergebende Zinsenguthaben wird in der dafür vorgesehenen Spalte ausgeworfen und die Masse an Kapital und aufgelaufenen Zinsen nach dem Stande vom 1. April für das neue Etatsjahr festgestellt (Sp. 3 und 4 des Musters).

4. Tritt die Verzinsung von Massen, die am Schlusse des Etatsjahrs noch nicht verzinslich waren, im Laufe des neuen Etatsjahrs ein, so wird der Beginn des Zinsenlaufs

auf den zutreffenden Anfangstermin im alten Etatsjahre zurückvermerkt und demgemäß unter Umständen eine Masse in einem Etatsjahre für mehr als zwölf Monate zur Verzinsung angeschrieben. Wenn Zinsen in dieser Weise für ein vorhergehendes Etatsjahr anzuschreiben sind, so müssen aus der für die Anschreibung der Zinsen bestimmten Spalte die einzelnen zu verzinsenden Beträge und der Anfangstermin ihrer Verzinsung ersichtlich sein.

5. Der Zeitpunkt, zu dem die Verzinsung eingestellt werden kann, ist von der Kasse in der dafür vorgesehenen Spalte am Jahresschlusse für den dann ermittelten Massenbestand einzustellen. Der eingetragene Zeitpunkt für die Einstellung der Verzinsung ist für die ganze Masse bei jeder darauf erfolgenden weiteren Einzahlung zu ändern. Im übrigen ist der Vermerk nur auf Anordnung der Hinterlegungsstelle zu berichtigen.

6. Bei Massen, bei denen im Laufe des neuen Etatsjahrs die Verzinsung einzustellen ist, sind die Zinsen nur bis zu diesem Zeitpunkt anzuschreiben.

Abschluß der Massen.

§ 45. 1. Die im Hinterlegungsbuche beim Abschlusse der Massen sich ergebenden Bestände an Kapital und Zinsenguthaben nebst den für das abgelaufene Etatsjahr den Beteiligten gutgeschriebenen Zinsen sind der Hinterlegungsstelle bis zum 15. April in einem rechtzeitig vorzubereitenden Verzeichnisse zusammengestellt anzuzeigen. Die Zinsen der im Laufe des Etatsjahrs bereits ausgeschütteten Massen sind mitzuberücksichtigen. Die Hinterlegungsstelle verfügt auf Grund dieser Anzeigen, die von einem Gerichtsschreiberei- oder Kassenbeamten geprüft und bescheinigt sein müssen, die Verrechnung der gutgeschriebenen Zinsen in Einnahme und Ausgabe nach Anleitung des Etats. Die Verzeichnisse gehen mit dem letzten Überweisungsauszuge an die Justizhauptkasse, welche die Buchung der gutzuschreibenden Zinsen in Einnahme und Ausgabe in einer Summe für ihren ganzen Bezirk vornimmt. Zutreffendenfalls haben die Gerichtskassen Fehlanzeigen zu erstatten.

2. Sind die den Beteiligten gutgeschriebenen Zinsen unrichtig berechnet worden, so sind, so lange das Verzeichnis (Abs. 1) noch nicht abgeschlossen ist, die Zinsberechnung sowie der Abschluß der Masse und gegebenenfalls das noch nicht abgeschlossene Verzeichnis kurzerhand zu berichtigen. Ist das Verzeichnis bereits abgeschlossen, so ist der aus der unrichtigen Berechnung sich ergebende Mehr- oder Minderbetrag bei der Masse vorzumerken und beim nächstjährigen Abschlusse zu berücksichtigen.

3. Ist die Masse nebst Zinsen bereits vollständig ausgezahlt, so regelt sich eine etwaige Zuvielberechnung und -verausgabung lediglich nach den Vorschriften über Rechnungsdefekte.

Verwahrungen.

§ 46. 1. Die Wertpapiere, sonstigen Urkunden und Kostbarkeiten sind bei den Justizhauptkassen von dem Rendanten in Gemeinschaft mit dem mit Führung des Hinterlegungsbuchs B beauftragten Buchhalter, bei den Gerichtskassen von dem Rendanten und dem Kontrolleur, bei Gerichtskassen mit nur einem Kassenbeamten von dem Kassenkurator und dem Rendanten unter Verschluß zu nehmen. Die Annahme und die Herausgabe haben die beteiligten Beamten gemeinschaftlich zu bewirken. Die Hinterlegungsscheine sowie alle sonstigen die Annahme, die Herausgabe und die Verwaltung der Massen betreffenden Anzeigen, Schreiben und Vermerke sind von allen beteiligten Beamten zu vollziehen. Jeder von ihnen ist für die ordnungsmäßige Verwahrung verantwortlich. Insbesondere hat sich jeder von ihnen von der ordnungsmäßigen Aushändigung oder Absendung zu überzeugen und die Empfangsbescheinigung oder den Postschein einzusehen.

2. Jeder Beamte hat darauf zu halten, daß die am Verschlusse mitbeteiligten Beamten nur in seiner ununterbrochenen Gegenwart an den Inhalt der Behältnisse gelangen können.

3. Die Wertpapiere und sonstigen Urkunden sind in der Reihenfolge der Eintragungen im Hinterlegungsbuche B in Hüllen (Aktendeckeln), die mit der Bezeichnung der Masse sowie des Bandes und der Seite des Hinterlegungsbuchs B versehen sind, aufzubewahren.

4. Die Zins-, Renten- und Gewinnanteilscheine nebst den Erneuerungsscheinen sind in gleicher Weise getrennt von den Wertpapieren, tunlichst in besonders verschließbaren Behältnissen, aufzubewahren. Zur Erleichterung der Kontrolle können bei Kassen mit zahlreichen Wertpapiermassen einzelne Hüllen mit solchen Scheinen in Sammelhüllen nach den Fälligkeitsterminen geordnet aufbewahrt werden.

5. Wenn die Ablieferung eines auslosbaren oder kündbaren Wertpapiers nach § 5 Abs. 2 Nr. 2 unterbleibt, so hat die Gerichtskasse der Justizhauptkasse oder der nach der Bestimmung des Oberlandesgerichtspräsidenten an ihre Stelle tretenden Gerichtskasse ein Verzeichnis der zu der Masse gehörenden auslosbaren oder kündbaren Wertpapiere zu übersenden. In diesem Verzeichnisse sind die Wertpapiere nach ihren Unterscheidungsmerkmalen aufzuführen. Der Rendant und der Kontrolleur haben seine Richtigkeit durch Unterschrift zu bescheinigen. Eine Abschrift des Verzeichnisses ist zurückzubehalten. Die empfangende Kasse hat unverzüglich der absendenden seinen Eingang zu bestätigen und die Vornahme etwa erforderlicher Ergänzungen herbeizuführen. Jede Änderung in dem Bestande der Wertpapiere hat die Hinterlegungskasse der überwachenden Kasse mitzuteilen, und zwar bei Einlieferung anderer auslosbarer oder kündbarer Papiere durch Übersendung eines Ergänzungsverzeichnisses.

Behandlung der Kostbarkeiten.

§ 47. 1. Kostbarkeiten sind, sofern die Hinterlegungsstelle ihre Abschätzung durch einen Sachverständigen nicht angeordnet hat, auch ein Gutachten eines geeigneten Sachverständigen nicht beigefügt ist, durch die Kassenbeamten abzuschätzen. Sie sind in Umschlägen (Beuteln) dergestalt aufzubewahren, daß ein Herausfallen, ein Vermengen mit anderen Sachen und eine Beschädigung ausgeschlossen ist. Auf den Umschlägen (Beuteln) sind die Masse sowie Band und Seite des Hinterlegungsbuchs B zu bezeichnen.

2. Hat die Hinterlegungsstelle die Abschätzung oder Besichtigung durch einen Sachverständigen angeordnet, so ist eine Abschrift des Sachverständigengutachtens dem Hinterleger zu erteilen.

Verwaltung der Wertpapiere.

§ 48. 1. Die Kasse, bei der die Wertpapiere hinterlegt sind, hat auf Grund des § 10 der Hinterlegungsordnung während der ganzen Dauer der Hinterlegung:

a) auf Antrag eines Berechtigten,
b) auf Ersuchen einer zuständigen Behörde,
c) zu den nachstehenden Ziffern 1, 2 und 4 auch von Amts wegen, wenn andernfalls durch den Ablauf der Vorlegungsfrist oder den Eintritt der Verjährung Nachteile entstehen würden, oder wenn ein Antragsberechtigter nicht bekannt ist,

folgende Geschäfte zu besorgen:

1. die Einlösung fälliger Zins- und Rentenscheine sowie die Beschaffung von neuen derartigen Scheinen und von Erneuerungsscheinen dazu,
2. die Einlösung fälliger Gewinnanteilscheine, wenn deren Fälligkeit aus den Papieren hervorgeht oder durch einen Beteiligten angezeigt ist, sowie die Beschaffung von neuen

derartigen Scheinen und von Erneuerungsscheinen dazu,
3. die Beschaffung und Veräußerung von Wertpapieren zum Umtausche hinterlegter Gelder oder Wertpapiere (§ 20),
4. die Einlösung oder den Umtausch ausgeloster oder gekündigter Wertpapiere, sobald deren Auslosung oder Kündigung nachgewiesen ist,
5. den Umtausch vollgezahlter Interimsscheine in endgültige Stücke, wenn die Voraussetzungen nachgewiesen sind.

2. Die Justizhauptkassen und die mit einem Rendanten und einem Kontrolleur im Hauptamte besetzten Gerichtskassen haben außerdem von Amts wegen die Auslosung und Kündigung der bei ihnen aufbewahrten und der in den Verzeichnissen (§ 46 Abs. 5) aufgeführten Wertpapiere zu überwachen, über welche Veröffentlichungen in den Verlosungstabellen erfolgen, die nach den Geschäftsbedingungen der Seehandlung maßgebend sind.

3. Die Überwachung der Auslosung und Kündigung der Wertpapiere sowie die Einlösung fälliger Zins- und Rentenscheine und die Beschaffung von neuen Zins- und Rentenscheinen und von Erneuerungsscheinen sind ohne weiteres zu besorgen, wenn die Hinterlegungsstelle nicht ein anderes bestimmt hat. Bestehen gegen die Besorgung Bedenken, so ist die Entscheidung der Hinterlegungsstelle einzuholen.

4. Andere Geschäfte als die im Abs. 3 bezeichneten sind nur auf Anordnung der Hinterlegungsstelle zu besorgen. Ihre Entscheidung ist einzuholen, sobald die Veranlassung zur Besorgung gegeben ist.

5. Die Hinterlegungsstelle kann unbeschadet der Vorschriften im § 10 Abs. 2 der Hinterlegungsordnung die Besorgung der im Abs. 1 bezeichneten Geschäfte ablehnen, wenn besondere Bedenken entgegenstehen. Wird die Besorgung abgelehnt, so sind die Beteiligten, soweit dies ohne

unverhältnismäßige Schwierigkeiten möglich ist, zu benachrichtigen, und zwar so rechtzeitig, daß sie Gelegenheit haben, die Geschäfte selbst zu besorgen.

6. Die Kasse hat, soweit das ohne unverhältnismäßige Schwierigkeiten möglich ist, die Beteiligten im Falle des Abs. 2 von der Auslosung und Kündigung der bei ihr aufbewahrten Wertpapiere zu benachrichtigen, und zwar so rechtzeitig, daß sie Gelegenheit haben, die erforderlichen Geschäfte selbst zu besorgen. Wird ein Wertpapier ausgelost oder gekündigt, das in einem nach § 46 Abs. 5 übersandten Verzeichnis aufgeführt ist, so hat die Kasse dies der Gerichtskasse, die das Papier aufbewahrt, mitzuteilen. Diese hat ihr den Empfang der Mitteilung zu bestätigen und die Beteiligten nach Satz 1 zu benachrichtigen.

7. Die Pflicht zur Besorgung der aufgeführten Geschäfte tritt mit der Einlieferung der Wertpapiere, die Pflicht zur Überwachung gemäß Abs. 2 für die in den Verzeichnissen (§ 46 Abs. 5) aufgeführten Wertpapiere mit dessen Eingang bei den bezeichneten Kassen ein.

8. Änderungen im Bestande der Masse, die durch die Besorgung der vorbezeichneten Geschäfte eintreten, hat die Kasse, die die Papiere aufbewahrt, der Hinterlegungsstelle anzuzeigen.

9. Die Zuschreibung fälliger Zinsen in hinterlegten Sparkassenbüchern ist vor Ablauf von dreißig Jahren seit der letzten Eintragung zu veranlassen. Die Bestimmungen in Abs. 1 c, 4, 5, 7 sind hierbei entsprechend anzuwenden.

Verkehr mit Banken usw.

§ 49. 1. Die im § 48 bezeichneten Geschäfte sind zu erledigen in Berlin durch Vermittelung der Seehandlung oder der Reichsbank, in anderen Orten durch Vermittelung der Reichsbankstellen, der in den Allgemeinen Verfügungen vom 17./18. Dezember 1899 (JMBl. S. 805) als Hinterlegungsstellen bestimmten Anstalten oder der öffentlichen Sparkassen, soweit diese sich mit solchen Geschäften befassen.

Jedoch können fällige Zins-, Renten- und Gewinnanteilscheine bei jedem am Orte befindlichen Bankgeschäft eingelöst werden, sofern dies kostenfrei geschieht.

2. Die Abrechnungszettel der Banken sind den Belegen beizufügen.

3. Soweit Zins- und Rentenscheine von den Kassen der Justizverwaltung allgemein statt baren Geldes in Zahlung genommen werden können, sind die einzulösenden fälligen Zins- und Rentenscheine zu dem Barbestande der Kasse zu vereinnahmen und nach den hierüber gegebenen besonderen Vorschriften zu behandeln. Die Vorschrift des § 5 Abs. 3 bleibt unberührt. Beteiligten, denen die Zins- und Rentenscheine herauszugeben sind, kann auf Wunsch in solchen Fällen auch bares Geld ausgefolgt werden.

Verlosungstabellen.

§ 50. 1. Der Kassenkurator hat zu veranlassen, daß die Verlosungstabellen pünktlich beschafft und dem Rendanten regelmäßig vorgelegt werden. Der Rendant und der Buchhalter, bei den Gerichtskassen der Rendant und der Kontrolleur, haben die Verlosungstabellen genau durchzusehen und sie mit den Büchern und Verzeichnissen über die zu überwachenden Wertpapiere zu vergleichen. Zum Zeichen der vorgenommenen Prüfung haben die Beamten die Verlosungstabellen mit ihrer Namensschrift zu versehen.

2. Die Verlosungstabellen sind zu Sammelakten vereinigt aufzubewahren.

Fälligkeitstermine der Zins-, Renten- und Gewinnanteilscheine.

§ 51. 1. Über die Fälligkeitstermine der Zins- und Rentenscheine, soweit sie nicht auf den Beginn eines Vierteljahres fallen, sowie der Gewinnanteilscheine, bei denen der Termin bekannt ist, sind Vermerkkalender in einfacher Form zu halten, wenn nicht wegen des geringen Bestandes derartiger Stücke die monatliche Durchsicht der Scheine vorzuziehen ist.

2. Im übrigen sind die Zins- und Rentenscheine in der Zeit vor Beginn eines Vierteljahrs auf ihre Fälligkeit so zeitig zu prüfen, daß die Einlösung bereits in dem dem Fälligkeitstermine vorangehenden Monat erfolgen kann. Sie ist bis zum Schlusse dieses Monats zu beendigen, damit Barbeträge, die bestehenden oder neuen Massen zuzuführen sind, noch bis zum Schlusse des Monats hinterlegt werden können.

3. Die Vollzähligkeit der abgetrennten Scheine ist an der Hand des Hinterlegungsbuchs B festzustellen.

Herausgabe zum Umtausch oder zur Einlösung.

§ 52. Bei der Herausgabe von Wertpapieren, von Zins-, Renten- und Gewinnanteilscheinen oder von Erneuerungsscheinen zum Umtausche, zur Einlösung usw. hat die Kasse Vorkehrung zu treffen, daß sie jederzeit in der Lage ist, den Nachweis über den Verbleib zu führen. Nötigenfalls sind zu diesem Zwecke besondere Kontrollen zu halten.

Bestandsverzeichnis und Bestandsprüfung.

§ 53. 1. Die Kassen haben alsbald nach dem 31. März eines jeden Jahres auf Grund des Hinterlegungsbuchs B ein Verzeichnis des Bestandes an Wertpapieren, sonstigen Urkunden und Kostbarkeiten nach dem Stande vom 1. April aufzunehmen. Die Ordnung innerhalb des Verzeichnisses geschieht nach Band und Seite des Hinterlegungsbuchs B.

2. Das Verzeichnis ist von einem im Aufsichtswege zu bestimmenden Gerichtsschreiberei- oder Kassenbeamten auf Grund der Kassenbücher auf seine Richtigkeit zu prüfen und zu bescheinigen. Das Vorhandensein des nachgewiesenen Bestandes ist bei der Justizhauptkasse durch den Rechnungsdirektor, bei den Gerichtskassen durch den Kassenkurator alljährlich im April festzustellen. Dabei sind jede Masse und die zu ihr gehörigen Stücke mit den Eintragungen im Hinterlegungsbuche B zu vergleichen; soweit inzwischen im neuen Etatsjahre Verausgabungen stattgefunden haben, ist die Herausgabe an der Hand der Belege zu prüfen.

3. Außer dieser ordentlichen Prüfung haben die genannten Beamten im Laufe eines jeden Etatsjahrs wenigstens zwei außerordentliche Prüfungen des gesamten Bestandes vorzunehmen.

4. Im Falle des Bedürfnisses kann bei der Justizhauptkasse der Rechnungsdirektor zur Feststellung des Bestandes, namentlich der Zins-, Renten- und Gewinnanteilscheine, einen Beamten des Rechnungsamts, bei der Gerichtskasse der Kassenkurator nach Verständigung mit dem aufsichtführenden Amtsrichter einen Gerichtsschreibereibeamten heranziehen. Das Vorhandensein der Wertpapiere haben der Rechnungsdirektor und der Kassenkurator selbst festzustellen.

Herausgabe.

§ 54. 1. Geld ist, wenn nicht eine andere Art der Auszahlung beantragt ist, soweit möglich, im Reichsbankgiro- oder Post-Überweisungs- und Scheckverkehr, sonst im gewöhnlichen Postverkehr auszuzahlen.

2. Hinterlegte Sachen anderer Art sind durch die Post herauszugeben:

1. an einen im Inlande befindlichen Empfänger,
   a) wenn er sich nicht am Orte der Kasse befindet und der Zusendung durch die Post nicht widersprochen hat,
   b) wenn er sich am Orte der Kasse befindet und die hinterlegten Sachen nicht innerhalb einer angemessenen Frist abholt;
2. an einen im Auslande befindlichen Empfänger, wenn die Zusendung durch die Post beantragt ist. Übersteigt der Wert der Sendung 3000 Mark, so muß dieser Antrag in der im § 18 der Hinterlegungsordnung bezeichneten Weise bescheinigt oder beglaubigt sein. Geht die Beglaubigung von einer ausländischen Behörde oder Urkundsperson aus, so hat die Hinterlegungsstelle nach ihrem Ermessen zu entscheiden, ob die Legalisation erforderlich ist.

3. Die Allgemeine Verfügung vom 4. Juni 1887, betreffend die durch die Post zu bewirkenden Behändigungen von Urkunden (JMBl. S. 157) bleibt unberührt. Auch die Übersendung von Kostbarkeiten durch die Post erfolgt unter Angabe des Wertes der Sendung.

Einstellung der Verzinsung.

§ 55. 1. Zur Vorbereitung des im § 26 der Hinterlegungsordnung vorgeschriebenen Verzeichnisses haben die Hinterlegungskassen vierteljährlich der Hinterlegungsstelle zu dem von ihr bestimmten Termin auf Grund der Angabe im Hinterlegungsbuch A diejenigen Massen mitzuteilen, bei denen im Laufe des nächsten Vierteljahrs die Verzinsung einzustellen ist. Die Mitteilung, die in Form eines Verzeichnisses zu machen ist, hat zu enthalten:

Band und Seite des Hinterlegungsbuchs A,
Bezeichnung der Masse und das Aktenzeichen,
den hinterlegten Betrag,
Beginn der Verzinsung,
Beendigung der Verzinsung.

Das Verzeichnis ist mit fortlaufenden Nummern zu versehen. Ist eine Masse aus mehreren Teilbeträgen zusammengesetzt, so erhält sie nur eine Nummer; die Teilbeträge sind aber einzeln darzustellen. Die Richtigkeit und Vollständigkeit der Angaben ist von dem Kassenbeamten zu bescheinigen.

2. Die Einstellung der Verzinsung ist demnächst auf Anordnung der Hinterlegungsstelle im Hinterlegungsbuch A durch Eintragung des Zeitpunktes der Einstellung und des Tages der Verfügung bei jeder einzelnen Masse zu vermerken.

Zeitpunkt für den Aufgebotsantrag.

§ 56. 1. Hat die Hinterlegungsstelle den Zeitpunkt, in dem der Antrag auf Erlaß des Aufgebots zulässig wird, der Kasse mitgeteilt (§ 30 Abs. 1), so hat die Kasse ihn in dem Hinterlegungsbuche zu vermerken.

2. Alljährlich hat die Kasse auf Grund der Angaben im

Hinterlegungsbuche der Hinterlegungsstelle zu dem von ihr bestimmten Termine die Massen zu bezeichnen, die aufgeboten werden können. Es ist ein Verzeichnis zu fertigen, und zwar getrennt für Massen unter 300 Mark und für die übrigen Massen. Die Zinsenguthaben sind bei Bewertung der Barmassen mit zu berücksichtigen.

3. Die Hinterlegungskasse hat ferner alljährlich der Hinterlegungsstelle diejenigen Massen zu bezeichnen, aus denen das hinterlegte Geld bis auf einen Rest von weniger als zehn Mark an Kapital oder Zinsen ausgezahlt ist, und bei denen seit der Auszahlung fünf Jahre verflossen sind.

Verfallene Massen usw.

§ 57. Wegen der rechnungsmäßigen Behandlung der Einnahmen und Ausgaben aus dem Hinterlegungswesen wird auf die Etatsvorschriften (§§ 8, 10, 11, 17, § 21 Abs. 5, §§ 83, 99, 103) verwiesen.

Kosten.

§ 58. Die Kassen haben alle Auslagen, die als Kosten von den Beteiligten einzuziehen sind, der Hinterlegungsstelle anzuzeigen.

VIII. Schlußbestimmungen.

Schlußbestimmungen.

§ 59. Soweit nicht vorstehend etwas anderes bestimmt ist, sind auf die Hinterlegungsangelegenheiten die Vorschriften der Geschäftsordnungen für die Gerichtsschreibereien und der Kassenordnung entsprechend anzuwenden.

Berlin, den 5. Februar 1914.

Der Justizminister.
Dr. Beseler.

Übergangsbestimmungen zur Hinterlegungsordnung.

Allgemeine Verfügung des Justizministers und des Finanzministers vom 5. Februar 1914 zur Einführung der Hinterlegungsordnung vom 21. April 1913.

(JMBl. S. 145.)

Überleitung der vorläufigen Verwahrungen.

§ 1. 1. Die vorläufige Verwahrung bei den Amtsgerichten fällt vom 1. April 1914 ab weg. Die an diesem Tage in der vorläufigen Verwahrung der Amtsgerichte befindlichen baren Gelder, Wertpapiere und Kostbarkeiten gelten als nach den Vorschriften der Hinterlegungsordnung bei ihnen hinterlegt. Ihre Überleitung aus der Verwahrung zur Hinterlegung richtet sich nach den §§ 2 bis 7.

2. Die Allgemeine Verfügung vom 26. Dezember 1899 (JMBl. S. 870) wird mit dem 1. April 1914 aufgehoben.

§ 2. Auf Verfügung der Hinterlegungsstelle sind das vorläufig verwahrte Geld alsbald als Hinterlegungsgeld zu vereinnahmen, die vorläufig verwahrten Wertpapiere und Kostbarkeiten zur Hinterlegung anzunehmen. Die Hinterlegungskasse hat die Vereinnahmung und die Annahme zur Hinterlegung in dem Buche über die vorläufigen Verwahrungen unter Angabe der Buchungsnummer zu bestätigen.

§ 3. 1. Mit den auf die vorläufige Verwahrung sich beziehenden Schriftstücken sind besondere Hinterlegungsakten anzulegen, die in das Aktenregister für Hinterlegungen einzutragen sind. Die Akten sind der Annahmeverfügung beizufügen, wenn diese der Kasse in Urschrift erteilt wird. In den anderen Fällen sind die für die Buchführung bei der Kasse notwendigen Angaben in die Annahmeverfügung aufzunehmen.

2. Lassen sich die Schriftstücke (Abs. 1) aus den bisherigen Akten nicht trennen, so sind für die neu anzulegenden Hinterlegungsakten kurze Aktenvermerke zu machen.

§ 4. Die Überleitung der in der vorläufigen Verwahrung befindlichen Gelder und sonstigen Gegenstände ist so zeitig vorzubereiten, daß sie am 1. April 1914 vollzogen werden kann.

§ 5. Den in der Erklärung (§ 77 der Hinterlegungsordnung vom 14. März 1879) als Hinterleger oder als Vertreter des Hinterlegers bezeichneten Personen sowie der Behörde, auf deren Veranlassung die Gegenstände in Gewahrsam des Amtsgerichts genommen sind, ist durch die Kasse eine Bescheinigung über die erfolgte Überleitung zu erteilen. Eine Abschrift der Bescheinigung ist, wenn die Annahmeverfügung in Urschrift erteilt ist, bei Rückgabe der Annahmeverfügung und der Akten an die Hinterlegungsstelle beizufügen. In den anderen Fällen ist die Abschrift der Nachricht über die Annahme beizufügen.

§ 6. Soweit für den Eintritt der Verzinsung und für den Lauf von Fristen der Tag der Hinterlegung bestimmend ist, gilt für die mit dem Ablauf des 31. März 1914 in der vorläufigen Verwahrung befindlichen Gelder und sonstigen Sachen die Hinterlegung mit dem Beginne des 1. April 1914 als bewirkt. Der Zinsenlauf für einen hinterlegten Barbetrag beginnt demgemäß, wenn die Hinterlegung seit dem 1. April 1914 drei Monate gewährt hat und der Betrag sich auf mindestens 100 Mark beläuft, mit dem 1. April 1914.

§ 7. In der Zeit vom 1. bis 31. März 1914 sind Geld und sonstige Sachen aus der vorläufigen Verwahrung auch dann nicht mehr an die Hinterlegungsstelle abzuliefern, wenn seit der Annahme sechs Monate abgelaufen sind, es sei denn, daß besondere Umstände die Ablieferung erforderlich machen. Indessen gelten die vorläufig verwahrten Barmassen für die Verzinsung als bereits an dem Tage hinterlegt, der dem Ablauf von sechs Monaten seit der Annahme des Geldes zur vorläufigen Verwahrung folgt.

Überleitung der bestehenden Hinterlegungen.

§ 8. 1. Auf die bei den Amtsgerichten nach den §§ 87 bis 89 der Hinterlegungsordnung vom 14. März 1879 anhängigen Hinterlegungen finden vom Inkrafttreten der neuen Hinterlegungsordnung an ihre Bestimmungen und die zu ihrer Ausführung erlassenen Vorschriften Anwendung.

2. Im übrigen bestimmt sich die Überleitung der bestehenden Hinterlegungen nach den folgenden Vorschriften.

§ 9. 1. Die bisherigen Hinterlegungsstellen und die ihnen als Kassen dienenden Regierungshauptkassen bleiben für die Fortführung der bei ihnen mit dem Ablauf des 31. März 1914 noch anhängigen Hinterlegungen bis zum 30. September 1914 zuständig, und zwar auch insoweit, als in diesen Sachen weiter hinterlegt wird. Nur die in § 25 Abs. 1 und 3 bezeichneten Hinterlegungen gehen bereits mit dem 1. April 1914 auf die neuen Hinterlegungsstellen über.

2. Geht bis zum 30. September 1914 ein Annahme- oder Auszahlungsantrag (Ersuchen) in einer noch bei der bisherigen Hinterlegungsstelle anhängigen Hinterlegung bei der neuen Hinterlegungsstelle ein, so hat diese den Antrag (Ersuchen) der ersteren unter gleichzeitiger Benachrichtigung des Antragstellers (der ersuchenden Behörde) zu übersenden. Zu den Benachrichtigungen sind Postkarten zu verwenden, die in Urschrift abzusenden sind.

§ 10. 1. Die bisherigen Hinterlegungsstellen verfahren bis zum Ablauf des 30. September 1914 nach der Hinterlegungsordnung vom 14. März 1879 und den zu ihr erlassenen

Verwaltungsvorschriften. Jedoch sind Beträge unter 100 Mark, selbst wenn sie bis dahin verzinslich waren, vom 1. April 1914 an nicht mehr zu verzinsen. Auch tritt für die im März 1914 erfolgten Hinterlegungen beim Vorliegen der sonstigen Voraussetzungen die Verzinsung vom 1. April 1914 nur dann ein, wenn die Hinterlegung mindestens drei Monate gewährt hat.

2. In die Verzeichnisse der Hinterlegungsmassen, bei denen im Laufe des 2. und 3. Vierteljahrs 1914 die Einstellung der Verzinsung bevorsteht, sind diejenigen Massen nicht mehr aufzunehmen, deren Kapital unter 100 Mark beträgt. Nach dem 31. März 1914 haben die bisherigen Hinterlegungsstellen das Aufgebot hinterlegter Massen nicht mehr zu beantragen.

§ 11. Auch wenn aus einem Hinterlegungsantrag (Ersuchen) ersichtlich ist, daß es sich um eine weitere Hinterlegung in einer noch bei der bisherigen Hinterlegungsstelle anhängigen Sache handelt, haben die neuen Hinterlegungsstellen die ihnen angebotenen Gelder und sonstigen Sachen nicht zurückzuweisen. Sie haben die Anträge (Ersuchen) in das Eingangsregister einzutragen. Die Gerichtskasse bucht das eingelieferte Geld und die sonstigen Sachen in der Verwahrungsliste (Kass.Ordn. § 47 Abs. 2) und erteilt dem Einlieferer einen Empfangsschein mit dem Hinweise, daß ihm die Hinterlegungsbescheinigung von der bisherigen Hinterlegungskasse zugehe. Die neue Hinterlegungsstelle veranlaßt unverzüglich die Abgabe der Anträge und der eingelieferten Gelder und sonstigen Sachen an die zuständige alte Hinterlegungsstelle. Diese entscheidet über die Annahme. Geld ist, soweit tunlich, im Reichsbankgiro- oder Postüberweisungs- und Scheckverkehr abzuliefern.

§ 12. Vom 1. Oktober 1914 ab sind die vor dem 1. April 1914 anhängig gewordenen Hinterlegungen von den neuen Hinterlegungsstellen nach den Bestimmungen der neuen Hinterlegungsordnung und der zu ihr erlassenen Ausführungsvorschriften fortzuführen. Bei der Berechnung der Fristen sind die vor dem 1. Oktober 1914 liegenden Zeiten miteinzurechnen. Die Bestimmungen im § 10 Abs. 1 Satz 2 und 3 finden Anwendung.

Barmassen.

§ 13. 1. Die Regierungshauptkassen fertigen bis zum 15. November 1914 über die anhängigen Barmassen, für die ein Amtsgericht Hinterlegungsstelle wird, Auszüge aus den Spezialmanualen nach dem für diese vorgeschriebenen Muster. Die Auszüge müssen den Bestand der Masse nach dem Stande vom 1. Oktober 1914, die Bezeichnung der Masse, das Aktenzeichen sowie Band und Seite (Nummer) des Spezialmanuals enthalten. Aus den Auszügen muß ferner die Entwickelung der Masse vom Tage der Hinterlegung an ersichtlich sein, soweit es sich nicht um Familien- und sonstige Stiftungen sowie Pupillen- und ähnliche Armenfonds handelt. Bei letzteren sowie bei solchen Massen, bei denen seit der Hinterlegung Veränderungen (Ein- und Auszahlungen) nicht vorgekommen sind, genügt die Angabe des Massenbestandes nach dem Stande vom 1. Oktober 1914. Zinsen für die Zeit vom 1. April bis 30. September 1914 sind im Spezialmanual und in den Auszügen nur auszuwerfen, falls in dieser Zeit eine Veränderung in dem Bestande der Masse eintritt. Angaben über Arreste, Pfändungen, Einstellung der Verzinsung, Aufgebotstermine und andere Vermerke sind den Eintragungen im Spezialmanual entsprechend nur insoweit aufzunehmen, als sie nicht erledigt sind.

2. Je zwei gegenüberstehende Seiten des Formulars sind nur für eine Masse zu verwenden. Beträgt der Massenbestand an Kapital weniger als 100 Mark und sind bis zur Ausschüttung der Masse voraussichtlich Veränderungen, insbesondere weitere Einzahlungen, nicht zu erwarten, so können zwei gegenüberstehende Seiten für mehrere Massen benutzt werden.

§ 14. 1. Die geprüften und als richtig bescheinigten Auszüge (§ 13) sind für jede neue Hinterlegungskasse je zu einem oder mehreren Heften zu vereinigen. Die Hefte sind mit fortlaufenden Seitenzahlen zu versehen, dergestalt, daß je zwei gegenüberstehende Seiten eine Seitenzahl erhalten. Diese Seitenzahl läuft auch dann weiter, wenn mehrere Hefte für eine Hinterlegungskasse gebildet werden. Zu den Heften ist ein Massenverzeichnis nach dem bisherigen Muster 289, in dem nur die Spalten 1 bis 3, 5 und 6 auszufüllen sind, und ein alphabetisches Massenverzeichnis mit Angabe des Aktenzeichens und der Seitenzahl des Heftes zu fertigen.

2. Die für die einzelnen Massen in Betracht kommenden Hinterlegungskassen sind auf Grund der vorhandenen Unterlagen und unter Beachtung der Zuständigkeitsbestimmungen des § 76 der bisherigen Hinterlegungsordnung, nötigenfalls unter Heranziehung der Akten oder durch Befragen der Hinterlegungsstelle, zu bestimmen.

§ 15. 1. Die Hefte mit den Auszügen sind zunächst der bisherigen Hinterlegungsstelle vorzulegen, die an der Hand der Akten zu prüfen hat, ob die Auszüge auf die neuen Hinterlegungskassen zutreffend verteilt sind.

2. Auf dem Umschlage der Hinterlegungsakten ist oben das Amtsgericht, das Hinterlegungsstelle wird, und in der linken unteren Ecke die Seitenzahl des Heftes (§ 14) mit Blaustift zu bezeichnen. Spätestens bis zum 25. November 1914 haben die Hinterlegungsstellen den einzelnen Amtsgerichten die Hinterlegungsakten sowie behufs Übermittelung an die Gerichtskassen die Hefte mit den Auszügen und den Massenverzeichnissen (§ 14) zu übersenden.

3. Gehen in der Zeit vom 1. Oktober bis zum 25. November 1914 in den in den Abs. 1 und 2 bezeichneten Sachen bei den Amtsgerichten Auszahlungsanträge ein, so haben die Amtsgerichte unverzüglich die Hinterlegungsakten nebst einem beglaubigten Auszug aus dem Spezialmanual einzufordern. In dem Sammelhefte (§ 14) ist an der zutreffenden Stelle die Erteilung des Sonderauszugs in einer ins Auge fallenden Weise zu vermerken.

4. Ein Amtsgericht darf eine ihm überwiesene Masse nicht ablehnen. Soweit nötig, ist gemäß § 12 der Hinterlegungsordnung zu verfahren.

5. Die Regierungshauptkassen fertigen für den Bezirk jeder Justizhauptkasse eine summarische Zusammenstellung über die an die einzelnen Kassen der Justizverwaltung überwiesenen Barmassen. Diese Zusammenstellung muß folgende Spalten enthalten:

1	2	3		4		5	
Lfd. Nr.	Bezeichnung der Kasse	Es sind überwiesen:					
		hinterlegte Gelder		Zinsenguthaben		zusammen	
		M	Pf.	M	Pf.	M	Pf.

Die Regierungshauptkassen übersenden eine Ausfertigung der Zusammenstellung der Justizhauptkasse und buchen die an die Kassen der Justizverwaltung überwiesenen Barbeträge in Ausgabe. Gleichzeitig buchen einen gleich hohen Gesamtbetrag in Einnahme:

a) die Regierungshauptkassen, die mit einer Justizhauptkasse im Abrechnungsverkehre stehen als Ablieferung der Justizhauptkasse;

b) die übrigen Regierungshauptkassen als Zuschuß der Generalstaatskasse.

6. Die Gerichtskassen buchen die von den Regierungshauptkassen überwiesenen Beträge summarisch in Einnahme und gleichzeitig als Ablieferung an die Justizhauptkasse in Ausgabe.

7. Die Justizhauptkassen buchen diese Ablieferungen der Gerichtskassen in Einnahme und gleichzeitig als Ablieferung an die mit ihnen im Abrechnungsverkehre stehende Regierungshauptkasse in Ausgabe. In der Mitteilung an

die Regierungshauptkasse werden die auf jede einzelne Regierungshauptkasse entfallenden Beträge ersichtlich gemacht.

8. Die mit den Justizhauptkassen im Abrechnungsverkehre stehenden Regierungshauptkassen buchen die ihnen von den Justizhauptkassen angerechneten Beträge, soweit sie von anderen Regierungshauptkassen herrühren, ebenfalls in Einnahme und gleichzeitig als Ablieferung an die Generalstaatskasse in Ausgabe.

9. Für die Mitteilungen an die Generalstaatskasse ist folgende Fassung zu wählen:

a) von den Regierungshauptkassen zu 5 b:

.... Mark ..... Pf.,

buchstäblich ....

hinterlegte Gelder sind an die Gerichtskassen des Oberlandesgerichtsbezirkes .... (Abrechnungsstelle: die Regierungshauptkasse in ....) überwiesen. Zum Ausgleiche haben wir auf unserem Abrechnungskonto einen gleich hohen Betrag als Zuschuß der Generalstaatskasse vereinnahmt.

........, den .... 1914.

Königliche Regierungshauptkasse.

b) von den Regierungshauptkassen zu 5 a:

Die Justizhauptkasse in .... hat uns an hinterlegten Geldern überwiesen:

...... Mark .... Pf. von der Regierungshauptkasse in .....

...... " .... " von der Regierungshauptkasse in .....

zusammen ...... Mark .... Pf., buchstäblich ......

Zum Ausgleiche haben wir auf unserem Abrechnungskonto einen gleich hohen Betrag als Ablieferung an die Generalstaatskasse verausgabt.

........, den .... 1914.

Königliche Regierungshauptkasse.

§ 16. Von den neuen Hinterlegungskassen können die mitgeteilten Hefte mit den Auszügen aus dem Spezialmanual bis zur Ausschüttung als Hinterlegungsbuch A weitergeführt werden. Soweit eine Masse nach Band und Seite des Hinterlegungsbuchs zu bezeichnen ist, hat dies durch den Buchstaben a (alt) unter Beifügung der entsprechenden Seitenzahl des Heftes zu geschehen, z. B. Bd. a S. 45. Die Hefte gelten als ein einheitlicher Band.

§ 17. 1. In der aus den vorstehenden Bestimmungen sich ergebenden Weise sind, soweit nicht § 25 Abs. 3 in Betracht kommt, die Barmassen in Stiftungssachen, für die ein Oberlandesgericht als Hinterlegungsstelle bestimmt ist, auf das zuständige Oberlandesgericht und dessen Justizhauptkasse, und diejenigen, für die ein Landgericht als Hinterlegungsstelle bestimmt ist, auf das zuständige Landgericht und die Gerichtskasse, die die Kassengeschäfte des Landgerichts wahrnimmt, überzuleiten.

2. Die den Gerichtskassen durch die Landgerichte zugehenden Manualauszüge sind mit den Heften, die sie durch Vermittelung der Amtsgerichte erhalten, dergestalt zu vereinigen, daß sie einen besonderen Teil in diesen bilden. Dem zur Bildung der Massenbezeichnung zu verwendenden Buchstaben a ist für diese Massen als Unterscheidung der Buchstabe „b" hinzuzufügen.

Wertpapiere und Kostbarkeiten.

§ 18. Wegen der auf die gerichtlichen Kassen übergehenden Wertpapiermassen sind die mit der Verwahrung und der Verwaltung der Wertpapiere verbundenen Nebenarbeiten (§ 27 der Ausführungsbestimmungen zur Hinterlegungsordnung vom 29. Juli 1879 und Rundverfügung des Finanzministers vom 13. Mai 1886 — I 3310 —) so zeitig in Angriff zu nehmen, daß sie vor Abgabe der Massen beendet sind. Insbesondere ist die Einlösung der zum 1. Oktober 1914 fälligen Zins- und Rentenscheine so zu beschleunigen, daß der Erlös, soweit er nicht den Beteiligten zu verabfolgen ist, noch vor dem 1. Oktober 1914 bei der betreffenden Barmasse vereinnahmt werden kann.

§ 19. Insoweit Gerichtskassen nach § 5 Abs. 1 der Ausführungsvorschriften zur Hinterlegungsordnung die Verwahrung von Wertpapieren und Kostbarkeiten nicht zu übernehmen haben, bezeichnen die Oberlandesgerichtspräsidenten bis zum 1. Juli 1914 den bisherigen Hinterlegungsstellen die an die Stelle tretenden Kassen.

§ 20. 1. Die Regierungshauptkassen fertigen bis zum 15. November 1914 über die am 1. Oktober 1914 noch anhängig gewesenen Massen aus Wertpapieren und Kostbarkeiten Auszüge aus dem Depositalmanual nach dem für dieses vorgeschriebenen Muster. Die Auszüge müssen den noch gültigen Inhalt der Eintragungen im Depositalmanuale genau wiedergeben, insbesondere auch die noch nicht gelöschten Vermerke über Arreste, Pfändungen usw. enthalten sowie Band und Seite (Nummer) des Depositalmanuals nebst Aktenzeichen der Hinterlegungsstelle erkennen lassen. Auf je zwei gegenüberstehende Seiten ist nur eine Masse einzutragen. In geeigneten Fällen, z. B. wenn die Eintragungen einen geringen Umfang annehmen und weitere Hinterlegungen in derselben Sache nicht mehr zu erwarten sind, können je zwei gegenüberstehende Seiten für mehrere Massen benutzt werden.

2. Die Auszüge sind für jede neue Kasse zu einem oder mehreren Heften zu vereinigen, die mit fortlaufenden Seitenzahlen zu versehen sind. Die Seitenzahlen laufen auch dann weiter, wenn für eine Hinterlegungskasse mehrere Hefte gebildet werden. Je zwei gegenüberliegende Seiten erhalten eine gemeinschaftliche Seitenzahl. Soweit ein Landgericht Hinterlegungsstelle ist, werden die Manualauszüge dem Hefte der für dieses zuständigen Kasse eingefügt. In den Auszügen ist bei jeder Masse ersichtlich zu machen, inwieweit ein anderes als das für die betreffende Kasse regelmäßig in Betracht kommende Gericht Hinterlegungsstelle wird.

§ 21. 1. Die bisherigen Hinterlegungsstellen haben bis zum 25. November 1914 den gerichtlichen Kassen die Auszüge aus dem Depositalmanual nebst einem Register der in den Auszügen aufgeführten Wertpapiere und Kostbarkeiten sowie einem alphabetischen Namen- (Massen-) Verzeichnisse zu übersenden. Die Auszüge sind vor der Absendung zu prüfen und als richtig zu bescheinigen. Auch die Übereinstimmung mit dem Mandatenbuche B ist festzustellen und zu bescheinigen. Der Sendung sind die zugehörigen Wertpapiere und Kostbarkeiten beizufügen.

2. Den neuen Hinterlegungsstellen sind bis zum gleichen Zeitpunkte die Hinterlegungsakten über die abgegebenen Massen nebst einer beglaubigten Abschrift der sie betreffenden, den gerichtlichen Kassen mitgeteilten Manualauszüge zu übersenden. In den Abschriften ist bei jeder Masse ersichtlich zu machen, inwieweit eine andere Kasse als die nach § 4 Abs. 3 der Ausführungsvorschriften zunächst zuständige Kasse die Wertpapiere und Kostbarkeiten erhalten hat.

3. Auf dem Umschlage der Hinterlegungsakten sind vor Absendung oben das Gericht, das Hinterlegungsstelle wird, und in der unteren linken Ecke die Seite des die Auszüge aus dem Depositalmanual enthaltenden Hefts mit Blaustift zu bezeichnen.

4. Die gerichtlichen Kassen haben den neuen Hinterlegungsstellen den Eingang der Wertpapiere und Kostbarkeiten alsbald unter Angabe der Nummer des Annahmebuchs B, in das jede Masse einzeln einzutragen ist, anzuzeigen. Die Anzeige ist tunlichst kurz zu fassen. Es genügt die Bezeichnung der Masse nach den vorliegenden Manualauszügen mit Angabe des Gesamtwerts der hinterlegten Wertpapiere und Kostbarkeiten und der Zahl der zur Masse gehörigen Zins-, Renten-, Gewinnanteil- und Erneuerungsscheine.

5. Einer Annahmeverfügung der Hinterlegungsstelle an die Kasse bedarf es nicht.

§ 22. 1. Die Wertpapier- usw. Massen sind auf die neuen Hinterlegungsstellen, soweit dies die Amtsgerichte sind, unter entsprechender Anwendung des § 14 Abs. 2 und des § 15 Abs. 1 und 4 zu verteilen. Für Stiftungssachen gilt sinngemäß § 17.

2. Gehen in der Zeit vom 1. Oktober bis 25. November 1914 in den im § 21 bezeichneten Sachen Herausgabeanträge bei den Gerichten ein, so haben diese unverzüglich die Hinterlegungsakten nebst einem beglaubigten Auszug aus dem Depositalmanual einzufordern. Die Herausgabe der Wertpapiere usw. kann in solchen Fällen, wenn sie nicht bereits an die gerichtliche Kasse abgesandt sind, durch die Regierungshauptkasse unmittelbar auf Verfügung der neuen Hinterlegungsstelle geschehen. In dem Sammelheft über die Manualauszüge (§ 20 Abs. 2) ist an der zutreffenden Stelle die Erteilung des Sonderauszugs in einer ins Auge fallenden Weise zu vermerken. Statt der Wertpapiere und Kostbarkeiten ist der Nachweis über die Herausgabe beizufügen.

§ 23. Die den gerichtlichen Kassen mitgeteilten Hefte mit den Auszügen aus den Depositalmanualen können bis zur Ausschüttung der darin aufgeführten Massen als Hinterlegungsbuch B weitergeführt werden. Die Hefte gelten als ein Band, auch wenn mehrere Hefte gebildet sind. Soweit eine Masse nach Band und Seite des Hinterlegungsbuchs B zu bezeichnen ist, ist die Bezeichnung bei den überwiesenen Massen aus dem Buchstaben a (alt) und der Seite des Heftes zu bilden, z. B. B. a. S. 141.

Aktenregister.

§ 24. Die den neuen Hinterlegungsstellen zugehenden Hinterlegungsakten über die überwiesenen Massen sind in das Aktenregister für Hinterlegungen einzutragen. Die Eintragung kann allmählich vorgenommen werden. Das für diese alten Sachen anzulegende Register ist für solche Hinterlegungen, die neu anhängig werden, nicht zu verwenden.

Dem Aktenzeichen der überwiesenen Sachen ist zur Unterscheidung von den neu anhängig werdenden Sachen der Buchstabe a (alt) voranzusetzen.

Sondervorschriften für Lehns-, Familienfideikommiß- und Stiftungssachen.

§ 25. 1. Gerichte, die Lehnshöfe sind oder die Aufsicht über Familienfideikommisse führen, haben die Überführung der voraussichtlich über den 31. März 1914 hinaus bestehenbleibenden Hinterlegungen in Lehns- und Familienfideikommißsachen auf die Seehandlung (Preußische Staatsbank) so zeitig zu veranlassen, daß die Überführung am 31. März 1914 beendet ist.

2. Die in dem bezeichneten Zeitraume neu zu hinterlegenden Gegenstände sind alsbald bei der Seehandlung in Verwahrung zu geben, wenn mit Sicherheit anzunehmen ist, daß ihre Hinterlegung über den 31. März 1914 hinaus fortdauern wird.

3. Das gleiche gilt für die Hinterlegung in Stiftungssachen, für die der Oberlandesgerichtspräsident die Seehandlung als Hinterlegungskasse bezeichnet hat.

4. Den zuständigen Gerichten sind alsbald mit einer Anzeige über die Ablieferung Auszüge aus den Manualen (§§ 13, 14, 20, 21) über die an die Seehandlung abgegebenen Massen mitzuteilen. Die Hinterlegungsakten sind in diesen Fällen nicht an die Gerichte abzugeben.

§ 26. Im Sinne dieser Bestimmungen begreift die Bezeichnung Regierungshauptkasse die Kasse der Ministerial-, Militär- und Baukommission in Berlin ein.

Mitteilung an die Beteiligten.

§ 27. 1. Werden der bisherigen Hinterlegungsstelle noch Pfändungsbeschlüsse, Arreste usw. zugestellt, die sich auf eine Hinterlegung beziehen, für die sie nicht mehr zuständig ist, so hat sie die Schriftstücke unverzüglich dem Antragsteller

(Gläubiger) zurückzusenden und ihm dabei die Hinterlegungsstelle zu bezeichnen, an die die Hinterlegung abgegeben ist.

2. Werden Schriftstücke der in Abs. 1 bezeichneten Art der neuen Hinterlegungsstelle zugestellt, bevor sie für die Hinterlegung zuständig geworden ist, so sind sie gleichfalls an den Antragsteller (Gläubiger) zurückzusenden unter der Mitteilung, daß noch die bisherige Hinterlegungsstelle zuständig sei.

Kosten.

§ 28. Die Kosten für die Überleitung der Massen und die Benachrichtigung der Beteiligten trägt die Staatskasse.

Berlin, den 5. Februar 1914.

Der Justizminister.
Dr. Beseler.

Der Finanzminister.
Dr. Lentze.

Sachregister.

8 E = Einleitung Seite 8; 8 = § 8; 8[3] = § 8 Anm. 3.

A

E

F

G

R

S

U

Z

Guttentag'sche Sammlung

Deutscher Reichsgesetze.

Text-Ausgaben mit Anmerkungen. Taschenformat.

1. **Verfassung des Deutschen Reichs.** Von Dr. **L. von Rönne. 10. Aufl.** von Landrat **P. von Rönne** und Regierungsassessor **von Dobbeler.** 1912. 2 M. 60 Pf.

2. **Strafgesetzbuch** für das Deutsche Reich. Von Dr. **H. Rüdorff. 23. Aufl.** bearbeitet von Prof. Dr. **Franz v. Liszt** und Dr. **Ernst Delaquis.** Mit der Novelle vom 19.6.1912. 1 M. 80 Pf.

3. **Militärstrafgerichtsordnung** nebst Einführungsgesetz. Von Wirkl. Geheimen Kriegsrat Dr. jur. **A. Romen** und Kriegsgerichtsrat Dr. jur. **Carl Rissom.** 1910. 6 M.

4. **Handelsgesetzbuch vom 10. Mai 1897** unter Ausschluß des Seerechts. **14. Aufl.** Herausgegeben von Geh. Justizrat Prof. Dr. **A. Mosse.** 8°, 1911. 5 M.

5. **Wechselordnung vom 3. Juni 1908. Kommentar** von Justizrat Dr. **J. Stranz** und Rechtsanwalt Dr. **M. Stranz,** und das **Wechselstempelgesetz vom 15. Juli 1909** von Geh. Regierungsrat **P. Loeck. 11. Aufl.** 1913. 4 M.

5 a. **Wechselstempelgesetz** apart. **11. Aufl.** 1913. 1 M. 50 Pf.

6. **Reichsgewerbeordnung** nebst Ausführungsbestimmungen. Von **Berger** und **Wilhelmi. 18. Auflage** von Stadtrat Dr. **Karl Flesch** in Verbindung mit Dr. **Friedr. Hiller** und Dr. **Herm. Luppe.** Mit Nachtrag, enthaltend die Änderungen bis 31. 3. 1912. 4 M.

7. **Post- und Telegraphen-Gesetzgebung.** Nebst Weltpostvertrag und internationalem Telegraphenvertrag. **6. Aufl.** von Geh. Ober-Postrat Dr. **M. König.** 1908. 4 M.

8. Die Reichsgesetze über den Unterstützungswohnsitz, die Freizügigkeit, den Erwerb und Verlust der Bundes- und Staatsangehörigkeit. Von Geheimrat Dr. J. Krech, Mitglied des Bundesamtes für das Heimatwesen. 8. Aufl. 1913. 3 M. 60 Pf.

9. Sammlung kleinerer strafrechtlicher Reichsgesetze. Von Dr. R. H. Kriegsmann, Privatdozent in Kiel. 3. Aufl. 1910. 4 M.

10. Das Reichsbeamtengesetz von J. Pieper. 2. Aufl. 1901. 4 M. 50 Pf.

Reichsbeamtengesetz von 1907 siehe Nr. 82.

11. Zivilprozeßordnung mit Gerichtsverfassungsgesetz. Von R. Sydow. Fortgeführt von L. Busch, Reichsgerichtsrat, jetzt zugleich mit A. Busch, Gerichtsassessor. 14. Aufl. 8°. 1913. 8 M.

12. Strafprozeßordnung und Gerichtsverfassungsgesetz nebst den Gesetzen, betr. die Entschädigung der im Wiederaufnahmeverfahren freigesprochenen Personen und die Entschädigung für unschuldig erlittene Untersuchungshaft. Von Dr. A. Hellweg, Reichsgerichtsrat. 16. Aufl. von Professor Dr. Kohlrausch. 1912. 3 M.

13. Konkursordnung und Anfechtungsgesetz. Von R. Sydow. Fortgeführt von L. Busch. 11. Aufl. 1911. 2 M 80 Pf.

14. Gerichtsverfassungsgesetz mit Einführungsgesetz. Herausgegeben von R. Sydow. Fortgeführt von L. Busch. 9. Aufl. 1905. Mit Nachtrag, enthaltend die Novelle vom 1. Juni 1909. 1 M. 50 Pf.

15. Das **Deutsche Gerichtskostengesetz** nebst den Gebührenordnungen für Gerichtsvollzieher, Zeugen und Sachverständige. Von **R. Sydow.** Weiter bearbeitet von Reichsgerichtsrat **L. Busch** und Gerichtsassessor **Arno Busch. 9. Aufl.** 1912. 2 M. 60 Pf.

16. **Rechtsanwaltsordnung.** Von **R. Sydow. 5. Aufl.** von Justizrat **M. Jacobsohn.** 1907. Mit Nachtrag, enthaltend die Bestimmungen vom 22. Mai 1910. 1 M. 20 Pf.

17. Die **Deutsche Gebührenordnung für Rechtsanwälte und das Preußische Gebührengesetz** vom 27. September/6. Oktober 1899. Von **R. Sydow.** Fortgeführt von **L. Busch. 10. Aufl.** 1911. 2 M. 70 Pf.

18. **Reichsstempelgesetz** vom 15. Juli 1909 in der durch das Zuwachssteuergesetz vom 14. Februar 1911 geänderten Fassung. (Börsen-, Lotterie- [Spiel und Wette-], Frachturkunden-, Fahrkarten-, Kraftfahrzeug-, Tantieme-, Scheck- und Grundstücksübertragungssteuer.) Mit den gesamten Ausführungsbestimmungen. **11. Aufl.** von Geh. Regierungsrat **P. Loeck.** 1912. 8° 6 M. Neue Aufl. im Druck.

19. Die **Seegesetzgebung.** Von Dr. **W. E. Knitschky. 5. Aufl.** bearbeitet von Oberlandesgerichtsrat **Otto Rudorff** in Hamburg. 1913. 8 M.

20. **Krankenversicherungsgesetz.** Von weil. Dr. **E. von Woedtke. 11. Aufl.** von Geh. Reg.-Rat Dr. **G. Eucken-Addenhausen.** 1905. 3 M. Siehe auch Bd. 107.

21. Die **Konsulargesetzgebung.** Von Professor Dr. **Ph. Zorn. 8. Aufl.** bearbeitet von Reg.-Assessor Dr. **A. Zorn.** 1911. 4 M. 50 Pf.

22. **Patentgesetz.** Nebst Ausführungsbestimmungen, völkerrechtlichen Verträgen und der Patentanwalts-Ordnung. 7. **Aufl.** bearbeitet von **R. Lutter,** Geh. Reg.-Rat im Kaiserl. Patentamt. 1908. 2 M. 80 Pf.

23. **Gewerbe-Unfallversicherungsgesetz.** Von weil. Dr. **E. von Woedtke. 9. Aufl.** von Dr. **Franz Caspar,** Direktor im Reichsamt des Innern. 1907. 2 M. 50 Pf. Siehe auch Bd. 108.

24. **Aktiengesellschaft und Kommanditgesellschaften auf Aktien.** Von Kammergerichtsrat Dr. **H. Keyßner** und Justizrat Dr. **H. Veit Simon. 6. Aufl.** von Amtsrichter **L. Keyßner.** 1911. 3 M.

25. **Brausteuergesetz.** vom 15. Juli 1909. Von **A. Düsse,** Oberzollrevisor. **2. Aufl.** 1910. 3 M.

26. Die Reichsgesetzgebung über **Münz- und Notenbankwesen.** Papiergeld, Prämienpapiere und Reichsschulden. Von Dr. jur **R. Koch,** Präsident des Reichsbankdirektoriums, **6. Aufl.** 1910. 4 M.

27. Die Gesetzgebung, betr. das **Gesundheitswesen** im Deutschen Reich. Von Dr. jur. **C. Goesch** und Dr. med. **J. Karsten.** 1888. 1 M. 60 Pf.

28. **Bau-Unfallversicherungsgesetz.** Vom 30. Juni 1900. Von **R. Chrzescinski,** Kaiserl. Regierungsrat. **3. Aufl.** 1900. 2 M. Siehe auch Bd. 108.

29. **Erwerbs- und Wirtschaftsgenossenschaften.** Von **L. Parisius** und Dr. **H. Crüger. 14. neu bearb. Aufl.** von Dr. **H. Crüger.** 1912. 1 M. 80 Pf.

46. Die Gesetze des Reiches und Preußens über die freiwillige Gerichtsbarkeit. Von Herm. Jastrow, Amtsgerichtsrat. 5. Aufl. 1911. 3 M. 60 Pf.

47. Das deutsche Vormundschaftsrecht und das preuß. Gesetz über die Fürsorgeerziehung Minderjähriger nebst den dazu gehörigen preußischen Nebengesetzen. Von Oberverwaltungsgerichtsrat Max Schultzenstein und Amtsgerichtsrat Dr. Paul Köhne. 2. Aufl. 1901. 3 M.

48. Gesetze und Verordnungen, betr. den Drogen-, Gift- und Farbenhandel außerhalb der Apotheken. Von Dr. J. Broh, Rechtsanwalt. 1899. 1 M. 25 Pf.

49. Deutsche Kolonialgesetzgebung. Von Geh. Justizrat Professor Dr. Philipp Zorn. 2. Aufl. von Gerichtsassessor Dr. Sassen. 1913. 7 M. 50 Pf.

50. Der Viehkauf (Viehgewährschaft) nach dem Bürgerlichen Gesetzbuche unter Berücksichtigung des ausländischem Rechts. Verordnung betr. die Hauptmängel und Gewährsfristen beim Viehhandel. Von Rechtsanwalt Dr. H. Stölzle und Königlicher Veterinärrat H. Weiskopf. 5. Aufl. 1913. 6 M.

51. Hypothekenbankgesetz vom 13. Juli 1899. Von Dr. H. Göppert. 2. Aufl. Bearbeitet von Geh. Reg.-Rat Dr. Seidel. 1911. 2 M. 40 Pf.

52. Gesetz, betreffend die gemeinsamen Rechte der Besitzer von Schuldverschreibungen. Von Dr. Heinrich Göppert. 1900. 2 M.

53. Reichspreßgesetz vom 7. Mai 1874. Mit Kommentar von A. Born, Erster Bürgermeister der Stadt Marienburg (Westpr.). 1911. 2. Aufl. 2 M.

54. **Die Reichsgesetzgebung über den Verkehr mit Nahrungsmitteln, Genußmitteln und Gebrauchsgegenständen.** Von Dr. **Georg Lebbin**, Nahrungsmittelchemiker in Berlin. 1900. 2 M. 25 Pf.

55. Das Recht der **Beschlagnahme von Lohn- und Gehaltsforderungen.** Von Justizrat **Georg Meyer. 5. Aufl.** 1913. Im Druck.

56. Gesetz, betr. die **Bekämpfung gemeingefährlicher Krankheiten.** Nebst Ausführungsbestimmungen. Von Dr. **Bruno Burkhardt**, Regierungsrat, Mitglied des Kaiserl. Gesundheitsamts. 1900. 1 M. 40 Pf.

57. **See-Unfallversicherungsgesetz.** Von Dr. **Max Mittelstein**, Oberlandesgerichtsrat in Hamburg. 1901. 2 M. Siehe auch RG. Bd. 108.

58. **Das Recht der unehelichen Kinder** nach dem BGB. Von **Hermann Jastrow**, Amtsgerichtsrat. 1901. 1 M. 80 Pf.

59. Reichsgesetz über die **Beurkundung des Personenstandes und die Eheschließung.** Von Dr. **F. Fidler**, Amtsgerichtsrat. 1912. **2. Aufl.** 2 M. 50 Pf.

60. Gesetz, betreffend das **Urheberrecht an Werken der Literatur und der Tonkunst** in der Fassung vom 22. Mai 1910. Von Geh. Justizrat **Otto Lindemann. 3. Aufl.** 1910. 1 M. 60 Pf.

61. Gesetz über das **Verlagsrecht.** Von Justizrat **E. Heinitz. 2. Aufl.** Bearbeitet von Rechtsanwalt Dr. **Br. Marwitz.** 1911. 1 M. 80 Pf.

62. **Gesetz über private Versicherungsunternehmungen.** Von **H. Könige**, Reichsgerichtsrat. **2. Aufl.** 1910. 4 M. 20 Pf.

63. **Gesetzestafel des Deutschen Reichsrechts.** Systematisch geordnete Nachweisung des z. Z. geltenden Reichsrechts. Von **Hugo Bruhns**, Bürgermeister. 1913. 8°. **2. Aufl.** 3 M. 50 Pf.

64. Gesetzsammlung betr. den **Handel mit Drogen und Giften.** Reichsgesetzliche Bestimmungen und Anhang mit den landesgesetzlichen Verordnungen sämtlicher Bundesstaaten. Von Rechtsanwalt **H. Sonnenfeld**, Syndikus der Berliner Drogisten-Innung. **2. Aufl.** 1912. 4 M.

65. Das **Weingesetz** in der Fassung von 1909. Mit Ausführungsbestimmungen von Dr. **Georg Lebbin**, Nahrungsmittelchemiker. **2. Aufl.** 1909. 2 M. 50 Pf.

66. Die **Eisenbahn-Gesetzgebung.** Von **W. Pietsch**, Rechnungsrat im Reichs-Eisenbahn-Amt. **2. Aufl.** 1913. 3 M. 60 Pf.

67. **Militär-Strafgesetzbuch für das Deutsche Reich** mit der Novelle vom 8. 8. 1913. Von Wirklichem Geheimen Kriegsrat Dr. **A. Romen** und Kriegsgerichtsrat Dr. **C. Rissom.** 1912. 6 M.

68. Das **Fleischbeschaugesetz.** Vom 3. Juni 1900. Von Dr. **Georg Lebbin**, Nahrungsmittelchemiker und Rechtsanwalt Dr. **Georg Baum.** 1903. 4 M.

69. Reichsgesetz über die **Naturalleistungen der bewaffneten Macht im Frieden** nebst den in Preußen geltenden Bestimmungen. Von Regierungsassessor Dr. **Walter v. Hippel.** 1903. 1 M. 25 Pf.

70. Das **Reichs-Haftpflichtgesetz**, vom 7. Juni 1871. Von Regierungsrat Dr. **G. Eger**. 1903. 3 M.

71. **Kinderarbeit in gewerblichen Betrieben**, vom 30. März 1903. Von **H. Spangenberg**, Oberverwaltungsgerichtsrat. **2. Aufl.** 1904. 1 M. 60 Pf.

72. **Unfallversicherungsgesetz für Land- und Forstwirtschaft** von weil. Dr. **E. von Woedtke**, fortgesetzt von **Alfred Radtke**, Geh. Regierungsrat und Senatspräsident im Reichsversicherungsamt. **2. Aufl.** 1904. 4 M. 50 Pf.

73. **Entschädigung für unschuldig erlittene Verhaftung und Bestrafung.** Nebst Anhang, enthaltend die dazu gehörigen Nebengesetze über Schadensersatz. Von Dr. jur. **A. Romen**, Wirkl. Geh. Kriegsrat. 1904. 2 M.

74. Die **Kaufmannsgerichte** nebst den preuß. Ausführungsbestimmungen. Von Professor Dr. **Max Apt**. **3. Aufl.** 1905. 2 M.

75. Reichsgesetz über die **Konsulargerichtsbarkeit**. Von Dr. jur. **A. F. Vorwerk**, Rechtsanwalt in Schanghai. 2. Ausgabe, mit dem Schutzgebietsgesetz und der Ausführungsverordnung, betr. die Rechtsverhältnisse in den Schutzgebieten. 1908. 2 M.

76. **Die Rechtshilfe im Verkehr mit den ordentlichen Gerichten nach deutschem Reichsrecht.** Von Landrichter Dr. **A. Friedländer.** 1906. 1 M. 80 Pf.

77. **Das Reichserbschaftssteuergesetz.** Vom 3. Juni 1906. Von **Ulrich Hoffmann**, Rechnungsrat im Königl. Preuß. Finanzministerium. **2. Aufl.** mit Nachtrag, enth. die Bestimmungen v. 3. Juli 1913. 1911, 5 M.

78. **Zigarettensteuergesetz.** Vom 15. Juli 1909. Von Dr. **Cuno**, Regierungsassessor. 2. **Aufl.** in Vorbereitung, nach Erlaß der sämtlichen Ausführungsbestimmungen.

79. **Die Militärpensionsgesetze** vom 31. Mai 1906 nebst Ausführungsbestimmungen. Zum Gebrauch für Heer, Marine und Schutztruppe von Dr. jur. **A. Romen**, Wirklicher Geheimer Kriegsrat.

a) I. Teil: Offizierpensionsgesetz. 1907. 3 M. 50 Pf.

b) II. Teil: Mannschaftsversorgungsgesetz. 1908. 3 M. 50 Pf.

80. Reichsgesetzgebung über **gerichtliche Registerführung.** Von **Otto Lindemann,** Geh. Justizrat. 1906. 3 M.

81. Gesetz, betr. **Urheberrecht an Werken der bildenden Künste und der Photographie.** Von Dr. **Ludwig Fuld**, Rechtsanwalt. 1907. 1 M.

82. **Reichsbeamtengesetz** in der Fassung vom 18. Mai 1907 und seine Ergänzungen von Geheimrat Professor Dr. **Adolf Arndt.** 1908. 3 M.

83. Reichsgesetz über **den Versicherungsvertrag** nebst Einführungsgesetz. Von Dr. **Paul Hager** und Dr. **E. Bruck. 3. vermehrte und verbesserte Auflage.** 1913. 6 M.

84. **Sammlung kleinerer privatrechtlicher Reichsgesetze** von Oberlandesgerichtsrat **Georg Müller.** 1908. 6 M. 50 Pf.

85. **Scheckgesetz** mit Einleitung usw. Von Prof. Dr. **Max Apt. 5. Aufl.** Mit Postscheckordnung vom 6. Nov. 1908 und im Anhang „Besteuerung des Schecks“. 1909. 2 M.

Postscheckordnung vom 6. Nov. 1908. Apart mit Erläuterungen und Ausführungsbestimmungen. (30 Pf.)

86. **Die Auslieferungsverträge des Deutschen Reiches** von Landrichter **A. Cohn.** 1908. 4 M.

87. **Gesetz zum Schutz der Warenbezeichnungen.** Von Geh. Reg.-Rat, Mitglied des Patentamts Dr. **Freund** und Rechtsanwalt **Magnus.** 5. Aufl. 1909. 3 M. 50 Pf.

88. **Vereinsgesetz** vom 19. April 1908. Von Dr. jur. **A. Romen,** Wirkl. Geh. Kriegsrat. 3. Aufl. 1912. 2 M. 50 Pf.

89. **Vogelschutzgesetz** vom 30. Mai 1908 nebst den das Flugwild betr. Bestimmungen der Preußischen Jagdordnung von Dr. jur. **Leo von Boxberger.** 1908. 1 M.

90. Die Haager Abkommen über das **Internationale Privatrecht** von Dr. **G. A. E. Bogeng.** 1908. 2 M. 20 Pf.

91. **Eisenbahn-Verkehrsordnung** vom 23. Dez. 1908. Mit Ausführungsbestimmungen. Von Regierungsassessor bei der Eisenbahndirektion Breslau Dr. **Ernst Blume.** 1909. 2 M. 50 Pf.

92. Gesetz, betr. den **Verkehr mit Kraftfahrzeugen.** Von Amtsrichter **R. Kirchner.** 2. Ausgabe ergänzt durch die Bundesratsverordnung vom 3. Febr. 1910 und das Internationale Uebereinkommen vom 11. Okt. 1909. 1910. 3 M.

93. Gesetz über die **Sicherung der Bauforderungen** von Justizrat Dr. **E. Harnier.** 3. Aufl. 1912. 1 M. 60 Pf.

94. **Haftpflicht der Reichs- und Staats-Beamten** von Dr. **H. Delius.** 2. Aufl. 1909. Mit Nachtrag, enth. das Gesetz über die Haftung des Reichs für seine Beamten vom 22. Mai 1910. 3 M. 50 Pf.

95. Die Berner Uebereinkunft über **internationales Urheberrecht** von Dr. **Herm. Dungs**, vortrag. Rat im Reichsjustizamt. 1910. 1 M.
96. **Branntweinsteuergesetz** vom 15. Juli 1909. Unter Berücksichtigung der für das Reich erlassenen Ausführungsbestimmungen. Von Geh. Reg.-Rat **Johs. Nay**, vortrag. Rat im Reichsschatzamt. 1910. 3 M. 50 Pf.
97. **Schutzgebietsgesetz** nebst der Verordnung betr. die Rechtsverhältnisse in den Schutzgebieten, dem Gesetz über die Konsulargerichtsbarkeit sowie den Ausführungsbest. und ergänzenden Vorschriften. Von **Johs. Gerstmeyer**, Wirkl. Legationsrat und vortrag. Rat im Reichskolonialamt. 1910. 3 M.
98. **Sechs Haager Abkommen** über **Internationales Privatrecht**. Von Dr. **Herm. Dungs**, vortrag. Rat im Reichs-Justizamt. 1910. 1 M. 50 Pf.
99. **Die Abkommen der Haager Friedenskonferenz** von Dr. jur. **Hans Wehberg**. 1910. 3 M.
100. Gesetz über den **Absatz von Kalisalzen**. Von Geh. Bergrat **Carl Boelkel**. 1910. 2 M. 40 Pf.
101. **Zuwachssteuergesetz** vom 14. Februar 1911. Von Dr. **W. Cuno**, Geheimer Regierungsrat im Reichsschatzamt. 1911. 3 M. 60 Pf.
102. **Urheberrecht an Mustern und Modellen** u. Ges. betr. Schutz v. Gebrauchsmustern von Reg.-Rat **Johs. Neuberg**, Mitgl. d. K. Patentamts. 1911. 2 M. 40 Pf.
103. **Reichs-Viehseuchengesetz** vom 26. Juni 1909 nebst Ausführungsvorschriften u. dem preuß. Ausführungsgesetz. Von Landrat Dr. **Walter v. Hippel**. 2. Aufl. 1912. 4 M. 50 Pf.
104. **Versicherungsgesetz** für Angestellte vom 20. Dez. 1911. Von Rechtsanwalt **O. Bernstein** und Dr. **J. Kupferberg**. 2. Aufl. 1912. 3 M. 50 Pf.

105. **Das Geldwesen in den deutschen Schutzgebieten.** Von **W. Hintze**, Geheimer exped. Sekretär im Reichskolonialamt. 1912. 2 M.

106—109. **Reichs-Versicherungs-Ordnung nebst Einführungsgesetz:** Herausgegeben unter Mitwirkung von Dr. **F. Caspar**, Wirkl. Geh. Rat, Direktor im Reichsamt d. Innern und **A. Spielhagen**, Geh, Ob.-Reg.-Rat, vortr. Rat im Reichsamt d. Innern. 4 Bände. Preis pro Band etwa 3—4 M.

106. Erstes, fünftes und sechstes Buch. **Gemeinsame Vorschriften. — Beziehungen der Versicherungsträger zu einander und zu anderen Verpflichteten — Verfahren.** Bearbeitet von Dr. **K. Lippmann**, Reg.-Rat im Reichsversicherungsamt, Professor, Geh. Rat Dr. **L. Laß** und Geh. Reg.-Rat **H. Siefart**, vortrag. Räte im Reichsamt des Innern. 1913. 6 M.

107. Zweites Buch. **Krankenversicherung.** Von Geh. Reg.-Rat **H. Siefart**, vortrag. Rat im Reichsamt des Innern. 1913. Im Druck.

108. Drittes Buch. **Unfallversicherung.** Von Geh. Reg.-Rat **A. Radtke**, Senatsvorsitzender im Reichsversicherungsamt. 1913. 8 M.

109. Viertes Buch. **Invaliden- und Hinterbliebenenversicherung.** Bearbeitet von Geh. Ober-Regierungs-Rat **B. Jaup**, vortragender Rat im Reichsamt des Innern und **H. Follmann**, Geh. Reg.-Rat im Reichsversicherungsamt. 1912. 4 M.

110. **Wehrbeitragsgesetz** mit Ausführungsbestimmungen. Von Geheime Ober-Finanzrat **A. Fernow. 2. Aufl.** 1913. 2 M.

111. **Reichs- und Staatsangehörigkeit.** Vom 22. Juli 1913. Vor Dr. **R. Romen**, Wirklichen Geheimen Kriegsrat 1913. 2 M. 20 Pf.

112. **Kaufmannsgerichte.** Von Dr **H. Depène.** 1914. 2 M. 60 Pf.

In Vorbereitung:

Besitzsteuergesetz (Vermögens-, Zuwachssteuergesetz). Von Geheimem Ober-Finanzrat **A. Fernow.**

Guttentag'sche Sammlung

Preußischer Gesetze.

Text-Ausgaben mit Anmerkungen. Taschenformat.

---

1. Die **Verfassungs-Urkunde** für den Preußischen Staat. Mit Einleitung, vollständigem Kommentar. Von Prof. Dr. **Adolf Arndt. 7. Aufl.** 1911. 4 M.

2. Preußische **Beamten-Gesetzgebung.** Enthaltend die wichtigsten Beamtengesetze in Preußen. Von **C. Pfafferoth. 4., neubearb. Aufl.** 1905. Mit Anhang: Abänderung vom 27. Mai 1907. 2 M.

3. **Die Aufnahme des Notteſtaments** durch die bestellten Urkundspersonen. Anweisung mit Musterbeispielen und Abriß des Erbrechts von Amtsgerichtsrat **C. Kurtz.** 1904. 1 M. 50 Pf.

4. **Gebührenordnung** für **Notare** vom 25. Juli 1910. **4. Aufl.** bearbeitet von Justizrat **Rausnitz.** 1910. 2 M. 20 Pf.

5. Gesetz vom **24. April 1854 (betr. die außerehel. Schwängerung).** Von Dr. **Schulze.** 1873. 75 Pf.
Gültiges Recht siehe: Reichsgesetze Nr. 58.

6. Die Preuß. **Ausführungsgesetze und Verordnungen zu den Reichs-Justizgesetzen.** Von **R. Sydow.** Siehe Seite 24, Busch-Eylau, Ausführungsgesetze.

7. Allg. **Gerichtsordnung** und Preuß. **Konkursordnung.** Von **F. Vierhaus.** Vergriffen.

8. **Vormundschaftsordnung.** Von **F. Schultzenstein.**
Gültiges Recht siehe: Reichsgesetze Nr. 47.

9. Die Preußische **Grundbuchgesetzgebung.** Von Prof. Dr. **Fischer.** Vergriffen. Siehe: Reichsgesetze Nr. 42.

10. **Einkommensteuergesetz.** Von **A. Fernow,** Geh. Ober-Finanzrat. 8. **Aufl.** 1913. 5 M.

11. **Gewerbesteuergesetz.** Von **A. Fernow,** Geh. Ober-Finanzrat. **5., vermehrte Aufl.** 1910. 3 M.

12. **Allgemeines Berggesetz** für die Preußischen Staaten vom 24. Juni 1865. Mit seinen Novellen und Nebengesetzen. 3. **Aufl.,** bearbeitet von den Oberbergräten **Schlüter** und **Hense.** 1913. 7 M. 50 Pf.

13. **Ergänzungssteuergesetz** (Vermögenssteuergesetz). Von **A. Fernow,** Geh. Ober-Finanzrat. **4. vermehrte Aufl.** 1907. 2 M. 40 Pf.

14 **Kommunalabgabengesetz.** Vom 14. Juli 1893 und Gesetz wegen Aufhebung direkter Staatssteuern. Von Dr. F. **Adickes,** Oberbürgermeister. **5. Aufl.** Bearbeitet von Stadtrat Dr. **Woell.** 1911. 2 M. 40 Pf.

15. Die **Kreisordnungen** für den Preußischen Staat. Von O. **Kollsch,** Landgerichtsrat. 1894. 4 M.

16. **Konzessionierung gewerblicher Anlagen.** Preuß. Ausführungs-Anweisung zu §§ 16 u. ff. der Gewerbe-Ordnung. Von Dr. **W. v. Rüdiger,** Geh. Regierungs- u. Gewerberat. 2. **Aufl.** 1901. 2 M.

17. **Preußisches Gerichtskostengesetz.** Vom 25. Juli 1910. Mit **Kostentabellen.** Von Dr. **P. Simeon, Kammergerichtsrat,** 7. **Aufl.** 1913. 4 M.

18. **Preußisches Stempelsteuergesetz** vom 30. Juni 1909. Mit sämtlichen Ausführungsbestimmungen. Von **P. Loeck**, Geh. Regierungsrat. **7. Aufl.** 8°. 1911. 7 M.

19. Das **Jagdscheingesetz.** Mit ausführlichen Erläuterungen. Von **F. Kunze**, Wirklichem Geh. Ober-Regierungsrat. **2. Aufl.** 1899. 2 M.

20. Die **preußischen Erbschaftssteuergesetze.** Unter Berücksichtigung der Novelle vom 31. Juli 1895. Von **U. Hoffmann**, Rechnungsrat im Königl. preuß. Finanzministerium. 1905. 4 M.

(**Reichs**-Erbschaftssteuergesetz s. Reichsgesetze Nr. 77).

21. Gesetz über die **Handelskammern.** Von **F. Lusensky**, Geh. Regierungsrat. **2. Aufl.** 1909. 3 M.

22. Gesetz, betr. **Anstellung und Versorgung der Kommunalbeamten.** Von Dr. **W. Lederman. 2. Auflage.** 1914. Bearbeitet von Dr. **Ludwig Brühl.** 2 M. 20 Pf.

23. **Ausführungsgesetz zum Bürgerlichen Gesetzbuche.** Von Kammergerichtsrat Dr. **P. Simeon. 3. Aufl.** 1914.

24. Die **Hinterlegungsordnung** in der Fassung des Ausführungsgesetzes zum BGB. vom 20. Sept. 1899 nebst Ausführungsbestimmungen. Von Regierungsrat Dr. **Georg Bartels. 2. Aufl.** 1908. 2 M. Siehe auch Nr. 53.

25. **Preußische Kommunalbeamtengesetzgebung.** Von Magistrats-Assessor Dr. **Fr. Kremski**, Berlin. 1901. 3 M.

26. **Gesetze über das Diensteinkommen der Lehrer und Lehrerinnen, Ruhegehalt und Fürsorge für Hinterbliebene.** Tabelle zur Berechnung der Ruhegehalts-, Witwen- und Waisenbezüge. Von Dr. **Ed. Cremer**, Beigeordneter. 1900. 2 M. 40 Pf.

27. Gesetz, betreffend die **Warenhaussteuer.** Von Geh. Ober-Finanzrat Dr. **G. Strutz.** 1900. 1 M. 20 Pf.

28. Gesetz über die **Fürsorgeerziehung Minderjähriger.** Von Landgerichtsdirektor Dr. **P. F. Aschrott. 2. umgearbeitete Aufl.** 1907. 2 M. 80 Pf.

29. Gesetz, betr. **die ärztlichen Ehrengerichte, das Umlagerecht und die Kassen der Aerztekammern.** Von Amtsgerichtsrat Dr. **F. Fidler.** 1901. 1 M. 50 Pf.

30. **Das Preußische Staatsschuldbuch** und **Reichsschuldbuch.** Von Wirkl. Geh. Ober-Finanzrat **F. Mücke.** 1902. 2 M.

31a. **Die geltenden Preußischen Gesindeordnungen.** Herausgegeben in zwei Bänden von **Stephan Gerhard,** Rechtsanwalt in Berlin. 1902.

Band I: Gesindeordnung für die altpreußischen Provinzen vom 8. Nov. 1810, bearbeitet mit ausführlichen Erläuterungen unter Berücksichtigung der Ergänzungsgesetze, der Rechtsverhältnisse der Stellenvermittler und der Reichsversicherungsordnung, sowie die Gesindeordnungen für Neuvorpommern und Rügen und für die Rheinprovinz. 2. Aufl. 1914. 3 M.

31b. **Band II:** Gesindeordnungen für Hannover, Schleswig-Holstein, Hessen-Nassau und den Regierungsbezirk Hohenzollern. 2 M. 50 Pf.

Siehe auch Seite 25: Ratgeber von Grieben.

32. **Die Städteordnung für die sechs östlichen Provinzen** Preußens vom 30. Mai 1853. Von Stadtrat Dr. **Walter Ledermann** u. Magistratsrat Dr. **Ludwig Brühl. 2. Aufl.** 1913. 7 M. 50 Pf.

33. **Rentenguts- und Anerbenrechts-Gesetzgebung in Preußen.** Von Landgerichtsrat **M. Peltasohn** und Rechtsanwalt **Bruno Peltasohn.** 1903. 3 M.

34. Sammlung der wichtigsten **preußischen Strafgesetze** nebst Anhang: Gesetz betr. polizeiliche Strafverfügungen vom 23. April 1883. Von **Otto Lindemann,** Geheimen Justizrat. 1912. **2. Aufl.** 3 M. 50 Pf.

35. **Geschäftsordnung für Gerichtsvollzieher.** Gerichtsvollzieherordnung und Gebührensätze von Amtsgerichtssekretär **Emil Exner.** 1904. 3 M. 50 Pf.

36. **Polizeiverordnungen in Preußen.** Von **Otto Lindemann,** Geheimen Justizrat. 1912. **2. Aufl.** 2 M. 50 Pf.

37. Gesetz über die **Enteignung von Grundeigentum** vom 11. Juni 1874. Von Oberlandesgerichtsrat **O. Meyer. 2. Aufl.** 1911. 2 M. 25 Pf.

38. **Kreis- und Provinzial-Abgabengesetz.** Vom 23. April 1906. Von **Fr. Schmidt,** Gemeindevorsteher. 1906. 1 M. 25 Pf.

39. Gesetz, betr. die **Unterhaltung der öffentl. Volksschulen.** Von Dr. **A. Marcks,** Reg.-Rat. 1906. 2 M.

40. **Verwaltungsstrafverfahren** bei Zuwiderhandlungen gegen die Zollgesetze und indirekte Reichs- und Landesabgaben, sowie die Bestimmungen über die Schlacht- und Wildpretsteuer vom 26. Juli 1897. Von Dr. **Richard Katzenstein,** Gerichtsassessor. 1907. 3 M. 60 Pf.

41. Die **preußischen Jagdpolizeigesetze.** Von **Fr. Kunze,** Wirkl. Geh. Oberregierungsrat und **R. Kühnemann,** Rechtsanwalt. **2. Aufl.** 1907. 3 M. 60 Pf.

42. Die Gesetzgebung über die **Allgemeine Landesverwaltung** und über die **Zuständigkeit der Verwaltungs- und Verwaltungsgerichtsbehörden.** Von Rechtsanwalt Dr. **Karl Friedrichs.** 1908. 3 M.

43. Gesetz betr. die **Zulassung einer Verschuldungsgrenze** für land- und forstwirtschaftlich benutzte Grundstücke. Von Dr. jur. **R. Leweck,** Syndikus. 1908. 2 M. 40 Pf.

44. **Quellenschutzgesetz** nebst den Ausführungsbestimmungen von **Carl Voelkel,** Geheimer Bergrat. 1909. 1 M.

45. **Rechtsverhältnisse der Juden in Preußen** von Dr. jur. **Max Kollenscher,** Rechtsanwalt. 1910. 2 M. 40 Pf.

46. **Austritt aus der Landeskirche** vom 14. Mai 1873. Von Gerichtsassessor **Hrch. Chr. Caro.** 1911. 2 M. 40 Pf.

47. Gesetz, betr. die **Feuerbestattung** von Amtsgerichtsrat Dr. **W. Lohmann.** 1911. 1 M. 50 Pf.

48. **Zweckverbandsgesetz für Großberlin** vom 19. Juli 1911 nebst Abdruck des allgemeinen Zweckverbandsgesetzes. Von Magistratsräten Dr. **Ludw. Brühl,** Dr. **Kurt Gordan** und Stadtrat Dr. **Walter Ledermann** in Berlin. 1912. 4 M.

49. **Gesetze gegen die Verunstaltung landschaftlich hervorragender Gegenden** mit Ausführungsanweisuugen. Von Regierungsrat **Otto Goldschmidt.** 1912. 2 M. 50 Pf.

50. **Gesetz, betr. die Anlegung und Veränderung von Straßen und Plätzen in Städten und ländlichen Ortschaften** von Oberlandesgerichtsrat **O. Meyer.** 1912. 3 M.

51. **Preußisches Disziplinargesetz** von **Dulzig** im Druck.

52. **Preußisches Wassergesetz** v. 7. April 1913 von Rechtsanwalt **Georg Wulff** und Rechtsanwalt **Ferd. Herold.** 1913. 5 M.

53. **Hinterlegungsordnung v. 21. 4. 1913.** Von **Hegemann,** Landrichter. 2 M. 25 Pf.

Guttentag'sche Sammlung
von Text-Ausgaben mit Sachregister ohne Anmerkungen.

Taschenformat, elegant in Leinen gebunden.

Zivilprozeßordnung mit **Gerichtsverfassungsgesetz** und **Einführungsgesetzen**. Neue Fassung. Mit der Novelle vom 22. Mai 1910. 2 M.

Konkursordnung mit **Einführungsgesetz**. 80 Pf.

Bürgerliches Gesetzbuch nebst **Einführungsgesetz**. 10. Abdruck. 2 M. 50 Pf.

Handelsgesetzbuch nebst **Einführungsgesetz** und **Seerecht**. 8. Abdruck. 1910. 1 M. 80 Pf.

Reichsversicherungsordnung von 1911 (Kranken-, Unfall-, Invaliden- und Hinterbliebenenversicherung). 2. Ausg. 2 M.

Militärstrafgerichtsordnung nebst **Einführungsgesetz** u. Gesetzen, betr. Dienstvergehen der richterlichen Militärjustizbeamten und unfreiwillige Versetzung derselben usw. mit **Militär-Strafgesetzbuch**.*) **2. Aufl.** 1 M. 50 Pf.

*) Ist auch einzeln zu haben. Preis 1 M.

Wechselordnung mit Anhang: **Wechselprozeß und Ausführungsanweisung**. 1908. 1 M.

Die Preußischen Ausführungsgesetze zum Bürgerlichen Gesetzbuche und Nebengesetze. 5. Aufl. 1 M. 80 Pf.

Reichsfinanzgesetze von 1909 einschließlich der **Reichsstempelgesetze** und des **Erbschaftssteuergesetzes**. 1909. 2 M.

Zuwachssteuergesetz vom 14. Februar 1911. 80 Pf. **Ausführungsbestimmungen** dazu 60 Pf.

Versicherungsgesetz für Angestellte vom 20. Dez. 1911. 1 M. 25 Pf.

Strafgesetzbuch. Mit ausführl. Sachregister. 1912. 1 M. 20 Pf.

Wehrbeitrag und **Besitzsteuer**. Mit ausführl. Sachregister. 1913. 1 M.

Struckmann-Koch, Zivilprozeßordnung für das Deutsche Reich nebst den auf den Zivilprozeß bezüglichen Bestimmungen des Gerichtsverfassungsgesetzes und den Einführungsgesetzen. In den neuen Fassungen mit der Novelle von 1910. Kommentar. Herausgegeben unter Mitwirkung von **R. Rasch,** Landgerichtspräsident in Altona, Dr. **P. Koll,** Senatspräsident beim Oberlandesgericht in Cöln, Dr. **Flechtheim,** Rechtsanwalt beim Oberlandesgericht in Cöln. **9., umgearbeitete Auflage.** 1910. Lex.-8°. 24 M., geb. 26 M.

Pinner, Kommentar zum Gesetz **gegen den unlauteren Wettbewerb** vom 7. Juni 1909. **2. Aufl.** Herausgegeben von Justizrat **Albert Pinner** und Rechtsanwalt Dr. **Erich Eyck.** 1910. Gr.-8°. 5 M. 50 Pf., geb. 6 M. 50 Pf.

Das preußische Warenhaussteuergesetz vom 18. Juli 1900, in Verbindung mit den anderen deutschen Warenhaussteuergesetzen. Erläutert von Dr. J. Wernicke, Syndikus. 1913. Preis 4 M. 50 Pf., gebunden 5 M.

Die Stempelsteuerpflicht bei Grundstücksübertragungen. Ein Hilfsbuch zur Berechnung und Einziehung des Immobiliarstempels. Zusammengestellt und bearbeitet von **X. Brachvogel,** Amtsgerichtsrat. 1912. Gr.-8°. Preis 6 M., geb. 7 M.

Patentgesetz und Gesetz, betr. den Schutz von **Gebrauchsmustern.** Von Justizrat Dr. **A. Seligsohn.** 4., **neubearbeitete Auflage.** 1909. Gr.-8°. 12 M., geb. in Leinen 13 M.

Schlagwort-Register.

R. = Nummer der Sammlung Deutscher Reichsgesetze.
P. = Nummer der Sammlung Preußischer Gesetze.
S. = Seite.

Schlagwort-Register. (R. = Reichsgesetz, P. = preuß. Gesetz.)

Schlagwort-Register. (R. = Reichsgesetz, P. = preuß. Gesetz.)

Schlagwort-Register. (R. = Reichsgesetz, P. = preuß. Gesetz.)

Schlagwort-Register. (R. = Reichsgesetz, P. = preuß. Gesetz.)

Schlagwort-Register. (R. = Reichsgesetz, P. = preuß. Gesetz.)

 Nr. 3. II. 1914. 19 000.

FSC
www.fsc.org
MIX
Papier | Fördert
gute Waldnutzung
FSC® C083411

Kolibri 360 GmbH
Ferdinand-Jühlke-Straße 7
99095 Erfurt, Deutschland
produktsicherheit@kolibri360.de